Wendula Dahle / Wolfgang Leyerer

Wanderungen auf Madeira

23 Routen

Bruckmann

Inhaltsverzeichnis

Vorwort

Madeira, eine Landschaft zum Wandern

Kann diese kleine Insel in der Ausdehnung von nur 58 mal 23 Kilometern, die mitten im stürmischen Atlantik liegt, dem Wanderer überhaupt etwas bieten?

Vor 200 Jahren kamen die ersten Touristen aus England und erbauten sich in der luftigen Höhe von Monte ihre Häuser für die Sommerfrische. Es folgten die Adligen vieler europäischer Höfe, um ihre Schwindsucht auszukurieren. Das erste öffentliche Verkehrsmittel Portugals, der Korbschlitten, ließ die Herrschaften von Monte bis zum Hafen von Funchal hinuntergleiten. Aber auch die Bergwelt wurde von diesen frühen Touristen entdeckt: Zu Pferd oder in Hängematten getragen, »erstürmten« sie sogar den höchsten Berg Madeiras, den Pico Ruivo.

Erst 1904 gab es die erste befahrbare Straße, und zwar zwischen Funchal und Câmara de Lobos. Der späte Ausbau der Straßen in den fünfziger Jahren läßt bis heute

Die Bergkette Madeiras stellt sich den vorherrschenden Winden entgegen. Diese Wolken über Santana werden den Süden nicht erreichen. Blick vom Höhenweg aus nach Norden (Tour 10).

noch den Stolz ihrer Erbauer erkennen, denn Aussichtsplätze und Picknicktische wurden an allen schönen Punkten entlang der waghalsigen Straßen für die Madeirenser angelegt und mit dem alten Wegenetz verbunden. Durch den heutigen modernen Straßenbau und die Liebe zum Auto verschwindet aber immer mehr das Interesse der Madeirenser an ihren traditionellen Wegen.

Großes Angebot an heimischem Obst und Gemüse auf dem »Mercado dos Lavradores«, dem »Markt der Bauern«, in Funchal.

Noch findet jeder Besucher, wenn er Funchals lärmender Hotelküste entflohen ist, das, was ihm blumenreich versprochen wird. Entlang der Levadas, auf den in die Felsen gehauenen Treppen des Gebirges und auf den Stufen zwischen den an den Steilhängen angelegten Terrassen wird er bei den immer neuen Ausblicken, die ihm Berge und Steilküsten bieten, den »Schwimmenden Garten im Atlantik« entdecken können. Wir hoffen, daß unser Buch dabei helfen wird, daß das alte Madeira nicht nur auf nostalgischen Bildern zu sehen bleibt, sondern für alt und jung, für die Madeirenser wie auch für die Besucher erhalten wird, und zwar als neues Wanderparadies auf alten Wegen, deren Zustand witterungsabhängig ist und stets aktuell erfragt werden sollte.

Wir danken *Jakob* für gemeinsames Wandern durch Wind und Wetter und *Salomé* für unermüdliches Übersetzen.

1 Levada im Felsgestein

4 Std. | 650 auf 300 m. | 14 km.

Tourencharakter: *Weg entlang einer Levada, der nur für Trittsichere und absolut Schwindelfreie geeignet ist.*
Wetterabhängigkeit: *Nicht bei Regen und nach Unwettern zu empfehlen.*

Entlang der Levada do Curral e Castelejo von Curral das Freiras nach Funchal

In einer Höhe von 560 Metern startet man die Levadawanderung vom zentralen Platz in *Curral das Freiras* aus. Man geht nur wenige Meter in Richtung der neuen Landstraße nach *Curral de Baixo* und wendet sich am Ortsausgang beim Postamt nach rechts, wo ein alter Pflasterweg abwärts führt. Er ist an den Laternen zu erkennen und erreicht nach 15 Min. durch Gärten die *Levada*. Da die Levada bis Funchal immerhin 310 m abfällt, ist sie rasch fließend. Die neue Landstraße nach *Curral de Baixo*, die in weiten Serpentinen den Hang abwärts führt, kreuzt die Levada nach wenigen Minuten. Auf der anderen Straßenseite setzt sich unser Weg entlang der Levada direkt hinter einem neu erbauten Haus für Weidenrutenarbeiten fort.

Nach 40 Min. passiert man einen kleinen *Tunnel*, für den keine Taschenlampe nötig ist, und erreicht anschließend einen Rastplatz neben der Levada, wo immer Reste der Feuerstellen

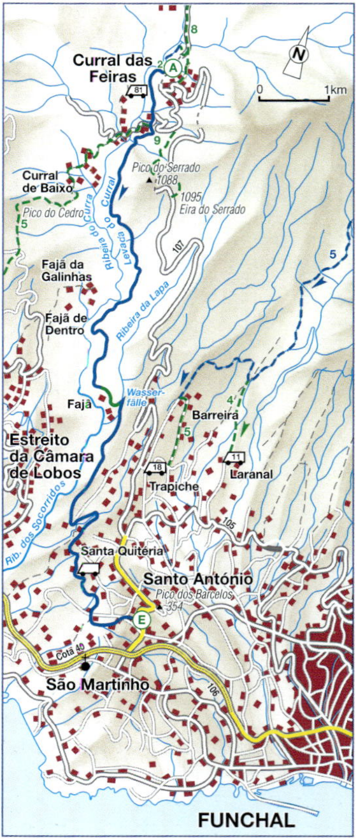

Die Levada do Curral e Castelejo: Unter dem Wasserfall der Ribeira da Lapa wird die Levada in einem in den Felsen gehauenen Tunnel hindurchgeführt. Diese gefährliche Stelle kann man auf einem Abstieg durch das verlassene Dorf Fajã umgehen.

der Levadaarbeiter und Bauern zu finden sind. Nach weiteren 10 Min. muß man an einer Stelle, wo der Felsen überhängend ist, die Levada für 30 m über einen Geröllhang nach unten verlassen. Der Trampelpfad führt zur Levada zurück, wo man gleich darauf eine *Eisenpforte* passiert. Was hat sie auf der Levada zu suchen? Sie ist Teil der Abgrenzung eines Ziegenweidegebiets; hier wächst auch ein schöner Lorbeerwald.

Kurzinfo

Ausgangspunkt:
Curral das Freiras.

Endpunkt: Funchal

Gehzeiten: Von Curral zu dem Dorf Fajã 3 Std; von Fajã nach Funchal 1 Std.

Verkehrsverbindungen:
Bus Nr. 81 auf der ER 107 von Funchal nach Curral das Freiras. Von Santa Quitéria (Funchal) fahren die Busse Nr. 8 und 16 zum Zentrum.

Kombinationen:
Mit allen Wanderungen, die nach Curral das Freiras führen. Lohnend ist es, mit dem Abstieg der Wanderung von Eira do Serrado, dem Kastanienweg (Tour 9), zu beginnen.

Nach weiteren 10 Min. muß noch einmal die Levada verlassen werden, um eine unpassierbare Stelle unter einem Wasserfall zu umgehen. Wohl erst 50 m nach dem Wasserfall trifft der Weg wieder auf die Levada. Eine weitere *Pforte* aus Eisen ist zu öffnen und zu schließen.

Nach etwa 1 Std. 40 Min. Gehzeit entlang der Levada sollte man darauf achten, daß linker Hand zwischen den dicht wachsenden Sträuchern *Mauerreste* auszumachen sind, und zwar an der Stelle, wo in der Levada eine große Schleusenklappe sichtbar ist. Es ist der ehemalige Wohnplatz *Fajã de Dentro*. Kurz darauf ist ein starkes Rauschen zu hören: Es ist kein weiterer Wasserfall, sondern es ist die Levada, die an Gefälle gewinnt, und ihr Wasser stürzt abwärts. Hier muß man die Levada wieder kurz auf einigen Stufen und einem kleinen Grasweg umgehen. Beim nächsten Gefälle sind *schöne Steintreppen* in den Rand gehauen.

Nach einer starken Linkskurve wird die Levada entlang der Felsen weit in die Schlucht der *Ribeira da Lapa* (»Fluß der überhängenden Felsen«) zurückgeführt. Überall rauschen in dem Felsenzirkus die Wasserfälle auf die Levada herab, die an dieser Stelle immer wieder zerstört wird. Bis 1992 war sie sogar in Röhren am Felsen verlegt, die die Levada unpassierbar machten. Nun hat man den Weg wieder repariert, aber er bleibt trotzdem schwierig. Die Levada fließt durch einen in den Felsen gehauenen *Tunnel*, dessen Durchbrüche wie Fenster das Licht hineinlassen. An seinem Ende führen einige, stets nasse Stufen fast senkrecht zu der jetzt etwas tiefer fließenden Levada hinunter, wobei man seinen Blick auch noch auf den unter einem liegenden Abgrund richten muß. Anschließend wird die Levada so dicht an den permanent tropfenden, von Moos und Flechten behangenen Felsen entlanggeführt, daß es ratsam ist, die Schuhe in die Hand zu nehmen und im Wasser der Levada weiterzulaufen.

Doch gibt es hier auch einen guten *Umweg*, der, wenn vielleicht ein Bauer kopfschüttelnd »má, má« (schlecht) gesagt hat, um so vor dem Weitergehen zu warnen, unbedingt genommen werden muß. Natürlich sollte man zunächst noch bis zu dem Felsenzirkus gehen, um den Anblick zu genießen. Wenn einem dann der Weg unpassierbar erscheint oder man vielleicht nur ängstlicher Natur ist, dann gehe man zurück. Vielleicht hat man gar nicht auf die dschungelartig zugewachsenen *Dächer* geachtet, die fast bis zur Levada heraufreichen: Es ist das Dorf *Fajã*, seit 1974 verlassen, doch werden einige Felder von den Bauern von Funchal aus noch bestellt.

Will man sich nicht durch das Gestrüpp direkt zu den tiefer liegenden Häusern durchschlagen, muß man den alten Abstieg suchen: Man findet ihn, wenn man fast bis zu den Steinstufen zurückläuft, wo die Levada schnell abwärts fließt.

Der Weg erreicht das ehemalige Dorf in einem Bogen. In dem alten Dorf selbst ist noch für einige Meter der Zementboden des Wegs zu erkennen, dann wird er wieder zu einem »Madeiraweg« mit angepflanzten Lilien und Hortensien. Er führt auch in Richtung auf die Wasserfälle, aber weit unterhalb der Levada, so daß er die Schleife, die die Levada oben macht, abschneidet. Er überquert den Fluß auf einer *Furt*, neben einigen Wasserlöchern, wo häufig Kinder baden, und führt dann durch einen Eukalyptuswald. Erst nach 20 Min. endet er an gut erhaltenen *Stufen*, wohl zweihundert an der Zahl, auf denen man wieder zur Levada hochsteigt. Hier steht

Sehenswürdigkeiten:
Funchal: Zahlreiche Museen in der Innenstadt, die Kathedrale Sé, Yachthafen, Pico Fort, Markt, Botanischer Garten; zwischen Camacha und Funchal: Blandy's Garden;
Camacha: Korbflechtereien.

auch noch ein alter *Telefonmast* etwas weiter aufwärts neben der Levada. An ihm sollte man sich orientieren, wenn man die Wanderung in umgekehrter Richtung unternimmt, um den Abstieg durch das Dorf *Fajã* zu finden, wenn man die gefährliche Stelle der Wasserfälle von der *Ribeira da Lapa* vermeiden will.

Die Levada nähert sich Funchal und wird bald zu einer *Stadtlevada*. Sie wird sogar »doppelspurig«, das heißt ihr Wasser wird in zwei parallelen Kanälen geführt, und streckenweise ist sie mit Betonplatten zugedeckt. Auch hier sollte man vorsichtig laufen, denn leicht wird ein Loch in den Zementplatten übersehen! Auf der Höhe des Stadtteils *Santa Quitéria* nimmt die Levada noch einmal das Wasser der *Ribeira de Vasco Gil* auf. Lauben aus Wein ranken sich über den Weg, immer mehr Leute eilen in den späten Abendstunden über die Levada nach Hause, und jeder grüßt »Boa tarde« und bedankt sich freundlich mit »obrigada/o« für das Platzmachen.

Vor dem Ende des einsamen Levadawegs wird auch das »neue« Madeira sichtbar: Kurz vor der Mündung des Flusses der »Geretteten« wird die *Via Rapida* auf hohen Stelzen über ihn geführt. Man kann jetzt die Levada an jeder zu ihr führenden Straße, nach links hochsteigend, verlassen. Am günstigsten ist es, den Stadtteil *São Martinho* an dem »Camino de Esmeraldo« in der Nähe der *Cota 40* zu erreichen. Dort wird die Levada unter der Straße hindurchgeführt.

Will man die Wanderung in umgekehrter Richtung beginnen, sollte man, sobald man in São Martinho ist, nach der Levada fragen: »Faz favor. Onde é a levada para Curral das Freiras?« Die Leute werden einem gern den nächsten Zugang zeigen.

Durch Wald und Gärten nach Funchal

5 Std. | 710 auf 600 m. | 14 km.

Tourencharakter: *Bequeme Levadawanderung.*
Wetterabhängigkeit: *Wetterunabhängig. Je weiter der Levada im Osten gefolgt wird, desto unbeständiger ist allerdings das Wetter.*

Entlang der Levada dos Tornos von Camacha nach Funchal

Die Wanderung beginnt auf dem großen Platz in *Camacha* auf 710 m. Neben dem Gesundheitszentrum – *Centro de Saúde* – befindet sich ein kleiner Wegweiser »Assomada«, der uns auch den Weg zur »Levada dos Tornos« anzeigt, so daß wir ihm folgen. Es ist ein alter Weg mit Kopfsteinpflaster, der teilweise ausgebessert worden ist und steil abwärts führt. Von dieser alten Straße erhascht man einen kurzen Blick auf die ins Meer hinausragende Halbinsel *São Lourenço* und die *Desertas*-Inselgruppe. Im Vordergrund schließt ein steiler Hang das *Porto-Novo-Tal* ab, das nach Osten durch den

Vor Funchal wird die Levada do Curral e Castelejo zu einer Gartenlevada.

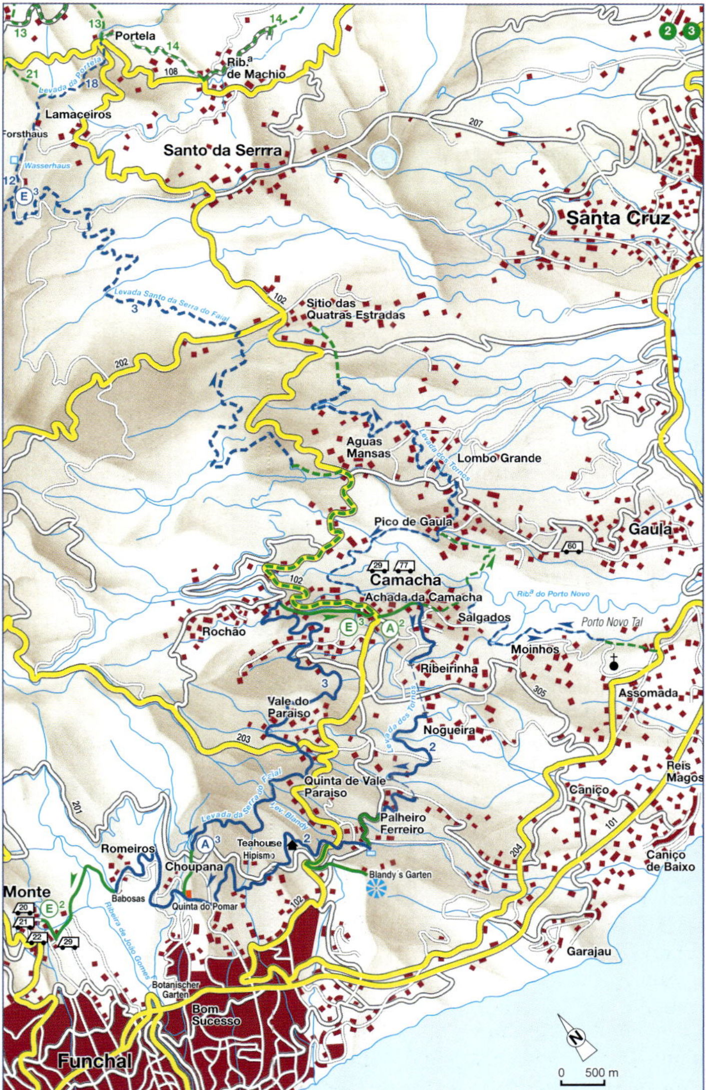

Portela
Rib.a de Machio
Lamaceiros
Forsthaus
Wasserhaus
Levada da Portela
Santo da Serrra
Santa Cruz
Levada Santo da Serra do Faial
Sitio das Quatras Estradas
Aguas Mansas
Levada dos Tornos
Lombo Grande
Pico de Gaula
Gaula
Camacha
Achada da Camacha
Rib.a do Porto Novo
Salgados
Porto Novo Tal
Moinhos
Rochão
Ribeirinha
Assomada
Vale do Paraiso
Nogueira
Reis Magos
Quinta de Vale Paraiso
Caniço
Levada da Serra do Faial
Lev. Blandy
Palheiro Ferreiro
Teahouse
Hipismo
Romeiros
Choupana
Blandy's Garten
Caniço de Baixo
Monte
Babosas
Quinta do Pomar
Ribeira de João Gomes
Garajau
Botanischer Garten
Bom Sucesso
Funchal
0 500 m

Bergrücken, auf dem der Ort *Pico de Gaula* liegt, begrenzt wird.

Nach nur 10 Min. erreichen wir 100 m tiefer auf der linken Straßenseite eine winzige Bar. Neben ihrem Eingang zeigen Schilder, die von Wanderern aufgestellt wurden, den weiteren Wegverlauf an. Auf unser Ziel wird mit »Levada dos Tornos« nach rechts abwärts gewiesen. Wir folgen dieser angegebenen Richtung. Der alte, gepflasterte Weg führt nach wenigen Metern gerade auf ein Haus mit einem auffallend schönen Garten und einer Palme zu, durch den die Levada, die wir suchen, fließt. Wir werden an ihr entlang nunmehr entgegen ihrer Fließrichtung bis Funchal laufen. In der anderen Richtung fließt sie durch einen Tunnel in Richtung des Fleckens *Pico de Gaula* und *Lombo Grande*. Die steile Straße, die wir von Camacha bis zu der Bar hinabgestiegen sind, führt über diesen Tunnel, woraus sich erklärt, warum wir die Levada vorher nicht sehen können.

Auf der Levada gehend, kreuzt man mehrere alte, steile Wege, die nach rechts nach *Camacha* hinaufführen. Nach links erblickt man die neue Küstenstraße mit ihrer *hohen Brücke* über das *Porto-Novo-Tal*. Der Rand der Levada ist mit Agapanthus, der blau

Blick von der Quinta Gordon, heute Teil der Universität von Funchal, auf die Türme der Kirche von Monte. Sie ist das Ziel der Wanderung entlang der Levada dos Tornos.

Kurzinfo

Ausgangspunkt: Camacha

Endpunkt: Monte/Funchal.

oder weiß blühenden afrikanischen Liebesblume aus der Familie der Liliengewächse, bepflanzt. Sie führt immer wieder entlang an Gärten, in denen das ganze Jahr üppig Gemüse und Blumen gedeihen. Bei nassem Wetter ist der Weg an manchen Stellen rutschig, denn der lehmige Boden hat keinen Bewuchs, da ihn die Bauern ständig benutzen. Immer wieder wird die Levada in weiten Bögen direkt an das Ende der tief eingeschnittenen Täler zurückgeführt, wo sie das Wasser der Wasserfälle aufnimmt. An diesen Stellen wachsen Mimosen und Eukalyptusbäume, die im Sommer nicht nur Schatten spenden, sondern auch einen würzigen Duft verströmen.

Nach 35 Min. Gehzeit zeigt ein verwaschenes Verkehrsschild *Levada dos Tornos* nach rechts zu einem Trampelpfad hoch. Dieser Pfad umgeht das vor einem liegende Privatgrundstück, durch das die Levada in einer engen Röhre geführt wird. Auf ihm entlanggehend, kann man sowohl das Privatgrundstück wie auch den ungemütlichen *Tunnel* vermeiden und über den Flecken *Ribeirinha* in 20 Min. zur Levada zurückkehren.

Da in den letzten Jahren das Eingangstor zu dem Grundstück ausgehängt war, laufen wir über das Grundstück, und zwar entlang des *verfallenden Hauses*. Unter seinem alten Balkon würde man bei Regen einen guten Schutz finden. Es ist etwas schwierig, den richtigen Ausgang zur Levada zu finden: Nachdem man unter dem *Balkon* entlanggelaufen ist, geht man an der von Efeu bewachsenen Gartenmauer weiter und wendet sich nach nur wenigen Schritten nach links. Ein *Hohlweg*, gebildet von knorrigem *Buchsbaum*, führt uns etwas abwärts zu der wieder sichtbaren Levada, und zwar verläuft sie jenseits des Grundstücks auf der anderen Seite eines Baches, der durch eine kleine Aue fließt. Wir übersteigen eine kleine Mauer, überqueren den Bach und können wieder auf den Levadaweg hinaufklettern. Damit verläßt man diese alte Quinta also nicht über den normalen Gartenweg, der auch nach dieser Seite hin ein offenes Tor hat, wo ein Schild »particular« darauf verweist, daß man sich auf einem Privatgrundstück befindet.

Nach insgesamt 1 Std. Gehzeit steht man vor einem *Tunnel*, der zwar nicht gefährlich, aber ausgesprochen ungemütlich ist. Obwohl man sein Ende als kleinen Lichtpunkt von Anfang an sieht, sind für seine Durchquerung mindestens 15 Min. zu veranschlagen. Er ist so niedrig, daß man nur geduckt gehen kann, jeder braucht daher unbedingt seine eigene Taschenlampe, um sich nicht den Kopf anzustoßen. Je nach Wasserstand ist der Weg feucht bis sehr naß.

Beim Ausgang treffen wir auf eine *Verteilerschleuse*: Von ihr fließt links die *Levada do Pico do Arvoredo* nach Süden, die sich nach einigen Kilometern auf den terrassierten Feldern verzweigt. Nach rechts führt ein kleiner Pfad nach oben. Es ist der vor der verlassenen *Quinta* angezeigte Umweg, der hier endet. Auf ihm kann man – wie schon erwähnt – diesen Tunnel vermeiden.

Da an dieser Verteilerschleuse auch die Reinigung der Levada stattfindet, ist der Platz meistens von Unrat überhäuft. Ab jetzt hat die Levada eine Breite von einem Meter. Überall dort, wo sie in die Gärten einbezogen ist, wird ihr Rand üppig von angepflanzten Blumen gesäumt. Außerhalb der Gärten wird sie allerdings als Wäschewaschplatz oder leider auch als Müllplatz benutzt.

Nach 1 Std. 20 Min. ist an einer Hauswand *Levada dos Tornos* aufgemalt. Der Blick fällt jetzt entlang des landwirtschaft-

Verkehrsverbindungen:
Busse nach Camacha Nr. 29 und 77 über Blandy's Garden. Der gelbe Stadtbus 29 verbindet Romeiros über den Botanischen Garten mit Funchal. Weitere Stadtbusse von Babosas Nr. 22 und Monte Nr. 20, 21 nach Funchal.

Gehzeiten: Von Camacha bis zur Abzweigung zu Blandy's Garden 2,5 Std.; von Blandy's-Garden-Abzweigung nach Romeiros: 1,5 Std.; von Romeiros nach Monte (Brunnenplatz) 60 Min.

lich intensiv genutzten *Nogueira-Tals* zum Südufer der Insel, auf die Kirche von *Caniço* und auf ein neues Hochhaus. Nach weiteren 10 Min. erreicht die Levada im Eukalyptuswald eine gepflasterte Straßenkreuzung und verläuft jenseits von ihr weiter.

Der nächste *Tunnel* wird in 1 Std. und 50 Min. erreicht. Er ist sehr viel leichter als der vorherige zu durchschreiten, aber erfordert auch für jeden eine Taschenlampe. 10 Min. dauert die Durchquerung, und die nächste Säuberungsstelle ist erreicht. Anschließend gewinnt die Levada weiter an Breite.

Nach 2 Std. und 20 Min. kommen wir zu einem wichtigen Orientierungspunkt: Eine Teerstraße wird überquert, oberhalb derselben liegt ein eingezäunter *Sportplatz*, der *Campo de Futebol de Palheiro Ferreiro*. Unterhalb blickt man auf zwei neu gebaute *Wasserbecken*, die von der Levada gefüllt werden. Einige Meter geht man anschließend an einem Zaun einer *Schule*, die unterhalb des Weges liegt, entlang. Ihr *rotes Flachdach* mit steinernen Bänken, umsäumt von Aloen, liegt auf gleicher Höhe wie der Levadaweg und ist deshalb vom Weg aus begehbar und lädt zu einer Pause ein.

Nachdem die Levada um eine Kurve führt, gewinnen wir den ersten Blick auf *Funchal*, der besonders in den Abendstunden und in der Weihnachtszeit eindrucksvoll ist, wenn Stadt und Hafen beleuchtet sind. Wieder wird eine viel befahrene Teerstraße, die ER 102, überquert, auf der Busse nach Funchal und Camacha verkehren. Die Haltestelle hier heißt *Levada dos Tornos*. Sie ist die nächste Haltestelle nach dem Stop *Blandy's Garden*, wenn man von Funchal kommt (Busse 29, 77). Der Garten ist leicht zu erreichen.

Im Verlauf der nächsten Stunde kreuzen viele beleuchtete Fußwege und auch die

Straße 201 die Levada, wir gehen an einem einsamen Wohnhaus vorbei und erreichen ein großes *Wasserhaus* mit einer breit angelegten *Schleuse*. Die Levada hat jetzt eine Tiefe von 1,50 und eine Breite von 1,30 Metern. Nach starkem Regen sind 2 Wasserfälle schwierig zu umgehen!

Der gepflasterte, von Gartenbäumen gesäumte Weg, der die Levada nach 3 Std. und 20 Min. kreuzt, gehört zur *Quinta do Pomar*. Es ist eines der wenigen privaten Grundstücke, durch die eine öffentliche Levada im offenen Kanal hindurchfließt, denn sonst verlaufen sie durch Gemeindeland oder sind bedeckt. Da in den letzten Jahren die Tore des Grundstücks weit geöffnet waren, konnte man der Levada über das Grundstück folgen. Die Quinta war 1996 liebevoll restauriert, die Hecken gestutzt und der einst verwilderte Garten gepflegt. Direkt hinter dem Haus steigen wir wieder auf die Mauer der Levada, gehen an der *Kapelle* der Quinta entlang, und durch ein *knallrot gestrichenes Eisentor* verlassen wir sie wieder. Sollten die Tore jedoch verschlossen sein, führt oberhalb der Quinta ein Weg durch den Wald bis zur nächsten Pflasterstraße, der wieder ein Stückchen abwärts zu folgen ist, bis man die rot gestrichene Pforte sieht. Ihr gegenüber verläuft die Levada weiter. Würde man der Pflasterstraße hingegen 1 km weiter aufwärts folgen, käme man zur *Levada da Serra* (Tour 3).

Wir gehen jedoch entlang der breiten Levada entgegen ihrer Fließrichtung weiter. Am Hang einer tief eingeschnittenen *Ribeira* führt sie wieder weit von Funchal weg, nachdem die Stadt doch bereits zum Greifen nahe lag. Nach gut 4 Std. erreichen wir den kleinen Ort *Romeiros*, der immer mehr zu einem Vorort von Funchal wird. Eine

Verpflegung: Restaurants und Bars auf dem Platz in Camacha und auf dem Brunnenplatz in Monte. »Jasmin Tea House« auf (!) der Levada zu der Straße 201 ausgeschildert. Tel. 79 27 96. Einfacher Imbiß.

Kombinationen: Besuch des Botanischen Gartens, Weiterfahrt nach Romeiros, leichte Wanderung entlang der Levada dos Tornos zurück nach Funchal; Besuch von Blandy's Garden. Aufstieg zur Levada dos Tornos, Rückkehr nach Funchal; Aufstieg durch das Porto-Novo-Tal bis Camacha, entlang der »Tornos« bis Funchal.

Treppe mit Eisengeländer führt von der Levada, die hier mit Platten zugedeckt ist, zu der Endstation des Stadtbusses 29 hinunter.

Wir können von hier jedoch auch weiter bis Funchal laufen: Von Romeiros aus sieht man am gegenüberliegenden Hang bereits die *Doppeltürme der Kirche von Monte,* unser Ziel. Bereits im Ort verlassen wir zwischen den Häusern die Levada wie zu der Busstation und nehmen nach links unten, nachdem wir an einem kleinen Laden vorbeigegangen sind, den *Caminho dos Romeiros,* einen alten Verbindungsfußweg von *Monte* nach *Romeiros.* Auf ihm überquert man die *Ribeira de São Martinho,* einen Nebenarm der *Ribeira de João Gomes.* Diesen großen Fluß selbst erreicht man in der Höhe von 450 m. Auf dem gegenüberliegenden Ufer steigt der Weg durch das Tal mit dem Namen *Curral dos Romeiros,* den »Pilgerpferch«, wieder bis *Babosas* an. Für diesen Ab- und Anstieg sollte man 50 Min. rechnen.

Der Fluß *João Gomes,* den man überquert, fällt auf seinem 5 km langen Weg nach Funchal noch 450 m ab, bis er in der Nähe des Marktes im Meer mündet. Seine Wassermassen werden auch in der *Levada dos Tornos* aufgefangen, weshalb sein Flußbett im Sommer fast immer trocken bleibt. In einer Höhe von 250 Metern bildet sein linkes Steilufer die Begrenzung des *Botanischen Gartens.*

Unser Anstieg endet auf dem schönen *Largo das Babosas,* dem *Platz der Aloen,* vor der Kapelle *Nossa Senhora da Conceição.* Von hier kann man in 10 Min. auf einem ebenen Weg, dem *Caminho das Babosas,* zu der doppeltürmigen Kirche, zu dem Abfahrtsplatz der Korbschlittenfahrer oder zum Park von *Monte* weiterschlendern und schließlich sich in einem Café auf dem *Brunnenplatz* erholen.

Durch das Paradiestal

2,5 – 7 Std. 600 – 800 m. 8 bzw. 27 km.

Tourencharakter: *Leichte Wanderung entlang einer Gartenlevada ohne Wasser.*
Reine Gehzeiten: *Choupana – Camacha 2,5 Std. (8 km); auf der gesamten Strecke entlang der Levada 7 Std. (27 km).*
Wetterabhängigkeit: *Oft nebelverhangen. Je weiter nach Osten, desto regnerischer kann es sein.*

Entlang der Levada Santo da Serra do Faial von Funchal in Richtung Portela

Der Levadaweg beginnt in dem weitläufigen Flecken Choupana. Aber kein Bus fährt derzeit entlang der ER 201. Der bequemste Weg ist daher der folgende:

Wenn man nicht mit dem Taxi zur »Levada da Serra, Choupana«, fährt, nimmt man den Stadtbus 29 zur Endstation nach *Romeiros*. Hier geht man rechts die Stufen in das Dorf hoch und kommt damit automatisch zur *Levada dos Tornos*. Ihr folgt man nach rechts, also in ihrer Fließrichtung, bis vor den Eingang der *Quinta do Pomar* (Tour 2). Diese erkennt man an ihrer *knallroten Tür*, hinter der die *Kapelle* des Herrenhauses sichtbar ist. An dieser Stelle wendet man sich auf der steilen Pflasterstraße, die von rechts von dem Platz *Largo das Mirandas* aus Funchal hochkommt, nach links. 15 Min. dauert auf ihr der 1 km lange Anstieg nach Choupana. Hier kreuzt unser Weg die ER 201, die wir überqueren. Es folgt ein weiterer Aufstieg von 8 Min., bis von rechts ein kleiner gepflasterter Weg kommt, in den man einbiegt. Nach wenigen Schritten findet man die Levada unter hohem Gras und den gut angelegten Fußweg, der für 27 km immer weiter in den Osten und Nordosten der Insel bis nach Portela führt. Wir beginnen hier mit der Wande-

Route siehe Kartenskizze auf Seite 14

Kurzinfo

Ausgangspunkt: Choupana bei Funchal.

Endpunkt: Camacha.

Verkehrsverbindungen: Es gibt bislang keinen Bus nach Choupana. Dem Taxifahrer sagt man als Richtung »Levada da Serra, Choupana«, oder man fährt mit dem Bus bis Romeiros und nimmt den Fußweg bis zur Levada.

Gehzeiten: Von Choupana zum Paradies-Tal 1,25 Std. (4 km); vom Paradies-Tal bis Camacha: 1,75 Std. (6 km).

Kombinationen: Von Camacha Abstieg durch das Porto-Novo-Tal nach Assomada; entlang der Levada dos Tornos Rückkehr bis Funchal (Tour 2) oder, entlang derselben Levada, Fortsetzung in Richtung über Pico de Gaula bis Santo António da Serra.
Ein Besuch der Ortschaften Camacha oder Santo da Serra wie auch des Botanischen Gartens oder von Blandy's Garden läßt sich gut mit Spaziergängen auf diesem alten Levadaweg verbinden. Immer besteht die Möglichkeit, auf einer der vielen Querstraßen zu Bussen oder Taxen, die entlang der ER 102 fahren, abzusteigen.

Hinweise zum weiteren Verlauf der alten und trockenen Levada da Serra:
1. Wenn man nicht nach Camacha absteigt, kann man dem Levadaweg noch 25 Min. folgen, bis er zwischen einigen Straßen bei Rochão verschwindet. Erst oberhalb des Dorfes Eira de Fora setzt sich der Levadaweg nach 30 Min. fort.

2. Möchte man einen Abschnitt dieses Weges weiter im Nordwesten erwandern, bietet es sich an, mit dem Bus 77 bis nach Águas Mansas an der Kreuzung der ER 102 mit der ER 206 zu fahren und von dort aus mit dem Aufstieg zu beginnen. Dieser dauert 10 Min. und ist ausgeschildert. Entlang des Levadawegs sind es bis zur nächsten Straße, die den Levadaweg kreuzt (ER 202, die links nach Poiso führt), 12 km. Dafür muß man 3 Std. Gehzeit veranschlagen. Ein Abstieg ist hier nach rechts zu dem Flecken Sitio das Quatras Estradas möglich, wo der Bus Nr. 77 hält.

rung. Nach 10 Min. kommen wir an einem kleinen, in der dichten Vegetation kaum sichtbaren Pfad neben einem alten, bemoosten Wasserhaus und Picknicktisch vorbei. Dieser Weg kommt von dem Reitklub *»Hipismo«* zu der Levada hoch.

Nach den ersten 30 Min. Levadawanderung kreuzt die schnell fließende, kleine Levada *Blandy* den Weg. Diese Privat-Levada bringt das Wasser fast in Fallinie von der kleinen Hochebene bei *Poiso* zur großen Quinta »Blandy's Garden«, wo sie endet. Nach 55 Min. kann man sich in dem herrschaftlichen, nicht mehr sehr gut unterhaltenen Garten, der *Quinta Vale Paraíso* (Aussprache: wal pareisu), zu dem man einige Schritte von der Levada aus hochsteigen muß, auf einer Bank mit Blick auf die Südküste ausruhen. Zwischen den hohen Bäumen sind die Wege durch Hecken aus Kamelien begrenzt, die im Winter blühen.

Der gepflasterte Weg, der nach 70 Min. entlang der Levada diese kreuzt, ist die Nebenstraße ER 203 nach *Poiso*. Ein *Schild* weist auf das »Vale do Paraíso» hin, in dem wir uns immer noch befinden. Nach rechts würde man nach 200 Metern zu der Haltestelle der Busse Nr. 29 und 77 kommen, die zwischen *Funchal* und *Camacha* verkehren. Eine weitere Straße mit Kopfsteinpflaster wird nach 1 Std. und 45 Min. überquert. Diese Straße führt durch besiedeltes Gebiet ebenfalls abwärts zur ER 102, wo an der Kreuzung mit der ER 205, die von *Caniço* hochkommt, verschiedene Busse zu erreichen sind.

Wir gehen jedoch weiter entlang der alten Levada. Hier konnte man in den letzten Jahren sogar noch zwischen den hellroten Ziegeldächern der Wohnhäuser einige Strohgedeckte *Palheiros* und spitzgiebelige Häuschen im Santana-Stil entdecken (Informationen zu Tour 16). Im Osten erscheinen bei klarer Sicht die der Hauptinsel Madeira vorgelagerten drei Desertas, die unbewohnten Inseln *Bugio, Deserta Grande* und *Ilhéu Chão,* wie auch die Halbinsel *São Lourenço.*

Bei einem Schild, das nach *Choupana* in die Richtung weist, aus der wir kommen, nehmen wir einen alten Weg nach rechts unten, der in 20 Min. nach *Camacha,* dem ersten größeren Ort entlang dieser Wanderung, führt. Wir gehen entlang der hohen Mauer der *Quinta das Almas,* vorbei an dem großen *Verkehrsschild,* das zu der Levada, die wir gerade verlassen haben, hinaufweist, vorbei an einer größeren Kirche, bis die Straße auf dem zentralen Platz von Camacha, der *Achada da Camacha,* endet.

3. Als letzten Abschnitt können wir als Fortsetzung von diesem »Platz der vier Straßen« aus den Weg bis Portela besonders empfehlen: Der Aufstieg zur Levada ist wieder mit 16 Min. zu veranschlagen. 1 Std. 15 Min. braucht man für die nächsten 6 km bis zu einer Abzweigung, die bei einem Wasserhaus rechts zum Ort Santo da Serra hinabführt. (Dieser Ort ist in 45 Min. zu erreichen. Die Busse 20, 77 und 78 halten hier.) Bleibt man auf dem Levadaweg, kommt man in 30 Min. von dieser Abzweigung zu dem sehr schönen Wasserhaus von Lamaceiros. Dieser Platz, wo das Wasser der Levada do Furado verteilt wird, eignet sich hervorragend zum Picknicken und Campieren. Bis Portela braucht man noch weitere 50 Min., wobei man von 800 m auf 600 m absteigt (Tour 13).

Verpflegung: Bars und Restaurants in Camacha, Portela und Santo da Serra.

Sehenswürdigkeit:
Reitstall »Hipismo« auf einem alten Quinta-Gelände in der Nähe von Choupana. Werktags von 9.30 bis 17.30 Uhr geöffnet. Für Ausritte: telefonische Anmeldung über das Hotel Estrelícia, Tel. 2 48 92. An der ER 201 und ER 102 mit »Hipismo« ausgeschildert. Vor dem Reitclub ist auch ein Aufstieg zur Levada da Serra in 15 Min. möglich.

Bei Camacha kreuzen sich die Touren 2 und 3. Hier steht einer der wenigen Wegweiser für Wanderer. Das Bild jedoch täuscht: Für Fahrradfahrer sind an dieser Stelle alle Wege zu schmal, zu steil oder als Treppenwege nicht befahrbar.

4 Von der Eishöhle in die warme Stadt

3 Std. 1600 auf 500 m. 8 km.

Tourencharakter: *Leichte Levadawanderung ohne Steilhänge, am Ende mit sehr mühsamem Abstieg durch den Stadtteil Barreira von Funchal.*
Wetterabhängigkeit: *Im Sommer besonders gegen Abend zu empfehlen, da der Weg in der Höhe schattenlos ist. Auch bei leichtem Hochnebel, Schnee oder Regen möglich, da ab 800 m der Himmel oft wieder aufklart.*

Abstieg vom Poço da Neve entlang der Levada da Negra nach Funchal

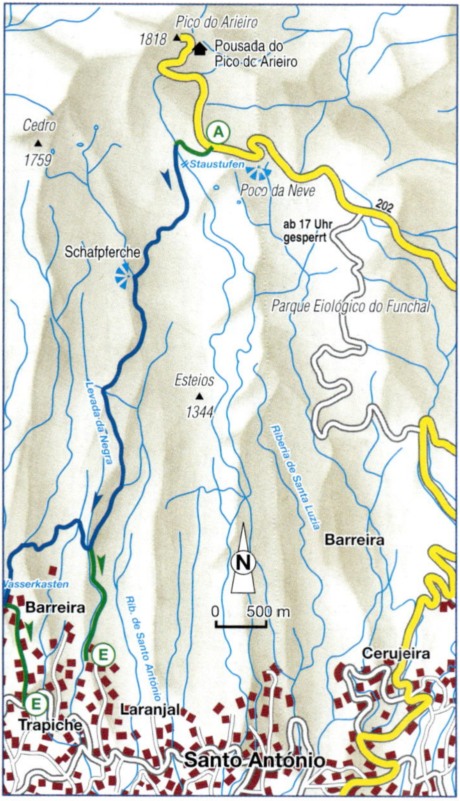

Vom *Pico do Arieiro* (1818 m) kommend, steigt man auf der geteerten Straße etwa 2 km abwärts, bis man in einer Höhe von 1670 m rechter Hand auf dem Abhang ein steinernes *Iglu* erblickt. Wenn man von *Funchal* kommt, folgt man in *Poiso* dem Schild *»Pico do Arieiro«* nach links, geht auf der wenig befahrenen gepflasterten Straße mit weitem Blick über die Nordseite der Insel entlang, vorbei an der nach 2,7 km links einmündenden *»Picknickstraße«*, die über *Montado do Barreiro* hochführt, bis man linker Hand das Iglu hinter einem Zaun entdeckt, das nach etwa 5 km von *Poiso* aus erreicht ist.

Durch ein Tor gelangt man auf steinernen Treppen zu dem *Poço* (Eishöhle) hinunter. Das gewölbte Dach hat wohl einen Umfang von 30 Metern, der Eingang ist mit einer Kette gesichert, damit keiner in das tiefe, auch im Sommer noch kalte Loch hineinfallen kann. Es ist die einzige erhaltene, noch aus dem 19. Jh. stammende *Eishöhle* Madeiras, von der aus das Eis für Restaurants und Krankenhäuser in Ledersäcken nach Funchal zu Tal getragen wurde.

Von diesem Platz aus sieht man Funchal, so wie man umgekehrt von Funchal aus die Bergspitzen von 1700 bis 1800 m um den Pico do Arieiro erblicken kann. Ein schmaler *Erdweg* führt von dem Poço in westlicher Richtung, wo man auf dem gegenüberliegenden Hang deutlich die fast wie ein Strich anmutende *Levada da Negra* erkennt, die den Berghang aufwärts zu fließen scheint. Dieser Weg, der für Erdarbeiten benutzt wurde, führt in einem Bogen zunächst zur *Ribeira de Santa Luzia* hinunter, die im Stadtgebiet von

Der Poço da Neve zwischen Poiso und dem Pico do Arieiro.

Kurzinfo

Ausgangspunkt: Poço da Neve zwischen dem Pico do Arieiro (2 km) und Poiso (5 km) an der 202.

Zielort: Funchal.

Die Schafkrale (-Pferche) auf dem Terreiro Fecho, wo im Juni die Schafschur stattfindet.

Funchal, zwischen hohen Betonmauern begradigt, das Meer erreicht. Sie ist hier mit mehreren kleinen Mauern gestaut, um nach heftigen Regenfällen die Wucht des steil abfließenden Wassers zu mildern.

Man sollte dem Erdweg so dicht wie möglich bis zu den *Staustufen* folgen, weil der verführerisch direkte Abstieg über den Hang durch das Geröll sehr viel mühsamer ist als erwartet. Es gilt dann, sich den leichtesten Abhang oberhalb einer der Staustufen auszusuchen, um den Erdweg zu verlassen und am rechten Ufer des Baches die wenigen Meter zum *Anfang der Levada* hinaufzuklettern, der gut sichtbar ist. Hat man den Beginn der Levada erreicht, ist man bereits 100 Höhenmeter unterhalb der Straße.

Die Levada nimmt an einer der Staustufen ihr erstes Wasser auf, hat also hier ihre *Madre*. Sie ist nur eine Hand breit und fließt in

einem offenen, zementierten Bett, hat eine hohe Fließgeschwindigkeit und straft den optischen Eindruck, sie fließe aufwärts, der durch die Schräge des Berghangs entsteht, nachhaltig Lügen. Schon kleine Steine, die vom Abhang herunterrollen, stauen die Levada, so daß sie unkontrolliert zu den Seiten abfließt, wodurch der schmale Weg manchmal zerstört wird.

Das Tal des Flusses *Santa Luzia* wird rasch verlassen, denn die Levada umgeht in südwestlicher Richtung einen Bergrücken, um im Nachbartal durch die *Ribeira de Santo António* aufgefüllt zu werden. Schon bis hierher lohnt sich der Weg als Spaziergang, denn man blickt plötzlich auf steinerne Ringe, die auf sanften Hügeln vor den hohen Bergspitzen angelegt sind: Auf dem *Terreiro Fecho* findet jedes Jahr um den 10. Juni herum das Ritual der *Tosquias* (Schafschur) statt, ein Fest, das man sich nicht entgehen lassen sollte.

Man folgt der rasch fließenden Levada auf kleinen, steilen Steinstufen mit Blick auf die am rechten Hang liegenden Schafgehege abwärts. Der Platz ist im Sommer zum Campieren geeignet, zumal man hier einwandfreies Trinkwasser, absolute Ruhe und herrliche Blicke durch das »V« der *Ribeira de Santo António* auf Funchal im Süden und die Bergspitzen nach Norden hat. Zwischen dem Grün der Weiden leuchten rötlich bis schwarz die Felsen auf, die als lange Basaltriffe die Kuppeln durchschneiden, die Bäche glitzern silbern im Gegenlicht.

In einer Höhe von 1400 m, nachdem man die Schafgehege hinter sich gelassen hat, erblickt man auf dem Gegenhang rechts einen alten *Schäferunterstand* mit einer ins Leere führenden Tür und einer grasbewachsenen Plattform. Es ist ein schöner Platz für eine Pause, wenn auch die Höhle wegen des Tier-

Verkehrsverbindungen:
Bus Nr. 103 bis Poiso; von dort läuft man zum Ausgangspunkt. Oder mit dem Auto/Taxi direkt zur Eishöhle. In Funchal Stadtbusse: Von »Barreira« Bus Nr. 11 oder von »Trapiche« Bus Nr. 18, die in 30 Min. das Stadtzentrum erreichen.

Gehzeiten: Vom Poço da Neve zur Levada 30 Min.; entlang der Levada bis zum Wasserhaus 2 Std.; Abstieg nach Funchal zwischen 20 und 40 Min.

dungs nicht mehr benutzbar ist. Von dort aus ist es faszinierend zu beobachten, wie mit kleinen, weißen Wasserzungen das Wasser die steile Levada hinabschießt, sich überschlägt, durch Kurven rast und dabei wie eine elektrische Spielzeugeisenbahn zischt. Überall wird von den umliegenden Hängen das Wasser durch kleine Rinnen der Hauptlevada zugeführt, über einen Bach ist sogar ein eiserner Aquädukt gebaut. Und wofür? Nur 100 Höhenmeter tiefer »mündet« die Levada in einer Art Wasserfall in das breite Flußbett der *Ribeira de Santo António*. Ist die Levada nur zu einem großen »Sandkastenspiel« der Levadakonstrukteure geworden?

Der Levada folgt man bis an die Stelle, an der sie in den Fluß mündet, überschreitet diesen auf Felsbrocken und läuft auf der anderen Seite weiter: Der von der Levada aufgefüllte Fluß bildet nämlich an dieser Stelle eine neue größere *Madre* der *Levada da Negra*, die nunmehr am rechten Ufer der steilen *Ribeira da Santo António* weiterfließt. An ihr entlang ist jetzt ein hochgemauerter, breiter Weg gebaut, dem man sehr bequem folgen kann.

Nach einigen Kurven führt kurz darauf der Levadaweg oberhalb eines abgebrannten *Kiefernwaldes* vorbei. Die Stämme liegen wie Mikadostäbchen kreuz und quer. Die Hänge sind zu steil, um das Holz abtransportieren zu können. Etwa 100 m tiefer sieht man auf das Dach eines unter Kastanienbäumen versteckt liegenden *Levadahäuschens*. Es ist von Wasserfällen und Teichen umrahmt. Ein kleiner Weg führt linker Hand durch den zerstörten Kiefernwald bis Alegria im Stadtteil São Roque von Funchal abwärts. Doch wir bleiben auf der Höhe der Levada.

Über die Felsen und aus kleinen, moosbewachsenen Höhlen wird kunstvoll immer mehr Wasser der Levada zugeleitet. Bauern mit Seilen über der Schulter, Frauen mit Sicheln in der Hand, Kinder in hohen Gummistiefeln kommen dem Wanderer entgegen: Das bebaute Land kündigt sich an.

Auf 960 m wird der Levadaweg von einem *Gatter* versperrt, das man hinter sich wieder schließen muß. Hier endet die freie Schafweide, unmittelbar danach beginnt ein *Eukalyptuswald.* Man erreicht ein typisches, kleines zementiertes *Wasserhaus,* in dem das Wasser auf die Kanäle entlang der verschiedenen Bergrücken verteilt wird, die zum nördlichen Stadtgebiet von Funchal gehören.

Zwei Wege führen von hier aus abwärts. Der größere, linke Pfad verläuft äußerst steil entlang des Levadawassers durch *Curral Velhos* nach *Laranjal.* Wir folgen dem rechten Weg: Er bleibt zunächst auf derselben Höhe und führt weiter durch den Eukalyptuswald. Nicht immer hat die hier nur schwach fließende Levada Wasser. Maronenbäume sind angepflanzt, und in einem weiten Bogen wird das nächste Tal umgangen, bis dieser Weg auf 870 m an einer alten, steilen, noch mit abgerundeten Steinen gepflasterten Straße endet. Der Steilhang begrenzt das Tal der *Ribeira do Arvoredo.*

Neben der stark abschüssigen alten Pflasterstraße bringt hier eine weitere kleine *Levada* von oben Wasser. Wir folgen dem Weg längs dieser Levada abwärts, der bis zu einem 1992 gebauten großen *Betonbecken,* das der Wasserversorgung des Stadtteils Santo António dient, bequem begehbar ist. Mit der Installation der Trinkwasserversorgung und der Kanalisation sind leider die alten Fußwege zerstört worden. Man sollte sich daher so rasch wie möglich in einer Bar ein Taxi rufen lassen oder bis zu den nächsten Haltestellen der Stadtbusse auf eine Höhe von etwa 550 m bis *Trapiche* absteigen.

Kombinationen: Als Abstieg aller Wanderungen, die auf dem Pico do Arieiro enden. Die hier beschriebene Tour ist im Aufstieg der schnellste Weg, um zu Fuß den Pico do Arieiro zu erreichen.

5 Paß der Verliebten

4 Std. | 790 – 1110 – 440 – 600 m. | 10 km.

Tourencharakter: *Kurzer, steiler Aufstieg zum Paß und langer Abstieg im Gebirge, anschließender Aufstieg bis Curral das Freiras.*
Wetterabhängigkeit: *Nicht nach starken Regenfällen; sehr zu empfehlen im November, wenn die Maronen reif sind.*

Abstieg von der Boca dos Namorados nach Curral das Freiras

Kurzinfo

Ausgangsort: Corticeiras, das oberhalb von Estreito de Cãmara de Lobos liegt.

Zielort: Curral das Freiras.

Im kleinen Gebirgsort *Corticeiras* beginnt am letzten Halt vor der Endstation von Bus Nr. 96 neben einem *Trafohaus* und gegenüber von einigen Bars die Wanderung. Man biegt in die von rechts oben kommende kurvenreiche neu geteerte Straße ein. Nachdem man in einer Viertelstunde bereits 150 Höhenmeter gewonnen hat, liegt rechter Hand das Tor zu der alten, noch bewirtschafteten *Quinta Mis Muchachos*. Bis hierhin könnte man auch mit einem Taxi fahren und die Quinta in Verbindung mit *Corticeiras* als Ziel angeben. Ein kleines, altes Schild auf der gegenüberliegenden Seite der Quinta weist zur *Boca dos Namorados (Paß der Verliebten)* hin. Hier verlassen wir die Straße und beginnen mit dem extrem steilen Aufstieg zu der »Boca«.

Man wird sogleich bemerken, wie rasch auf diesem steilen Madeira-Fußweg mit teilweise noch erhaltenen, gepflasterten Stufen die Höhe zu gewinnen ist. Der Weg führt durch einen *Eukalyptuswald*, für dessen kargen Schatten man im Sommer sehr dankbar ist. Er wird von Brombeerhecken gesäumt, die im Herbst reichlich Früchte tragen. In einer Höhe von 1100 m endet der schmale, ausgesprochen steile Weg an der *Boca dos Namorados*, einer *Lichtung*, von der mehrere Erdstraßen, die kaum noch benutzbar sind, in verschiedene Richtungen führen.

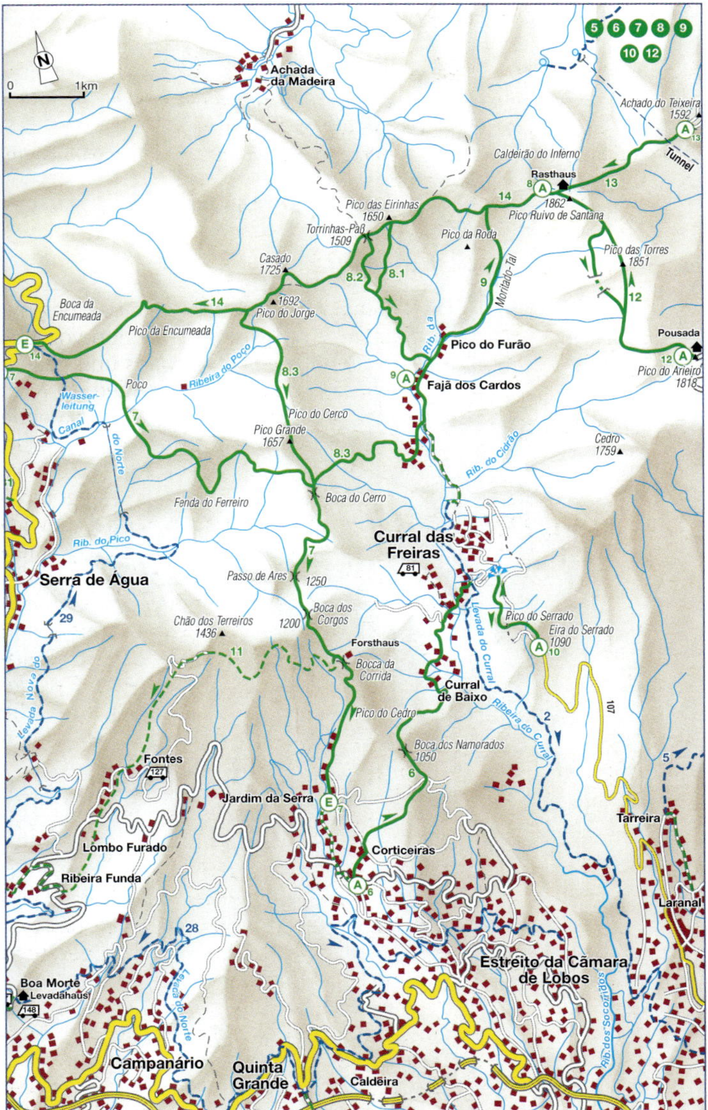
5 6 7 8 9
10 12
0 1km
Achada da Madeira
Achado do Teixeira 1592
Tunnel
Caldeirão do Inferno
Rasthaus
13
14
1862
Pico Ruivo de Santana
Pico das Eirinhas 1650
Torrinhas-Paß 1509
Pico da Roda
Pico das Torres 1851
Casado 1725
8.2
8.1
9
Moritado-Tal
12
Boca da Encumeada
14
1692
Pico do Jorge
Pico da Encumeada
Rib. da
Pico do Furão
Pousada
Pico do Arieiro 1818
Poco
Ribeira do Poço
8.3
Fajã dos Cardos
Wasser-leitung
Canal
do Norte
7
Pico do Cerco
Pico Grande 1657
8.3
Rib. do Cidrão
Cedro 1759
Fenda do Ferreiro
Boca do Cerro
Rib. do Pico
Curral das Freiras
81
Serra de Água
Passo de Ares
1250
29
Boca dos Corgos
1200
Chão dos Terreiros 1436
Pico do Serrado
Eira do Serrado 1090
Levada do Curral
11
Forsthaus
Bocca da Corrida
Curral de Baixo
107
Levada Nova do
Ribeira do Curral
Pico do Cedro
2
Boca dos Namorados 1050
5
Fontes
127
6
Jardim da Serra
Tarreira
Lombo Furado
Corticeiras
Ribeira Funda
Laranal
28
Estreito da Câmara de Lobos
Boa Morte
Levadahaus
148
Levada do Norte
Rib. dos Socorridos
Campanário
Quinta Grande
Caldeira

Kinder sammeln im Herbst hoch über Curral das Freiras die Eßkastanien in großen Säcken.

Keinesfalls erinnert dieser Paß an ein Plätzchen für »Verliebte«; doch der Ausblick auf das Curraltal, auf das man von der nördlichen Kante der Lichtung hinunterschaut, ist – wie alle Blicke in dieses Tal – grandios. Auf der gegenüberliegenden Talseite kann man den Aussichtspunkt von der *Eira do Serrado* oberhalb von *Curral das Freiras* (Tour 9) ausmachen.

Auf dieser Lichtung folgt man dem deutlich erkennbaren Weg, der *linker Hand,* von dem Aussichtspunkt auf Curral aus gesehen, in Richtung Nordwesten in den Eukalyptuswald weiterführt. Er geht bald in Serpentinen abwärts und ist durch das Schleifen von

Holz beschädigt. Der ganze Abstieg ist daher bei Feuchtigkeit sehr rutschig. Doch auch bei Trockenheit kann man wegen der Steilheit und des losen Bodens nur schlecht Fuß fassen, zumal der Weg nicht mehr ausgebessert wird.

1993 stand von einer alten *Stromleitung* noch ein *Holzmast*, und zwar hundert Meter tiefer, nachdem man mit dem Abstieg in Serpentinen begonnen hat. Nach etwa weiteren hundert Höhenmetern erreicht man auf einem Vorsprung einen großen Masten der neuen Starkstromleitung. Dieser *Pico do Cedro* eignet sich sehr gut für ein Picknick oder für eine Lagerstätte, da man von seiner Felsnase aus einen guten Blick auf das Curraltal mit seinem Felsenzirkus hat.

Wir laufen weiter steil durch angepflanzte Eßkastanien abwärts, die in den Wintermonaten kahl sind, im Herbst aber ihre ganze Farbenpracht entfalten und die Hänge mit den reifen Früchten übersäen. Die Bauern steigen mit ihren Kindern bis hierher auf, um in großen Säcken die Ernte in das Tal zu holen. Wie üblich kann man auf den grasbewachsenen Bergwegen den stark duftenden Zitronen-Thymian pflücken. Bei den schattigen Lorbeerbäumen ist man wieder auf etwa 600 m angelangt.

Nach etwa 2,5 Std. Gehzeit und auf etwa 500 m wird der Weg breiter, Laternen säumen ihn, und die ersten Häuser von *Curral de Baixo (»Unteres Curral«)* werden erreicht. Wanderweg und »Dorfstraße« sind eins, der Weg wird über die Flußläufe auf Betonbrücken geführt, wo zwischen dem vielen Müll Wäsche gewaschen wird. Man schaut auf die blumengeschmückten Terrassen und die sorgsam angelegten kleinen Gärten der ärmlichen Häuser, in der Vorweihnachtszeit kann auch schon einmal das angstvolle Quietschen eines Schweins durch

Gehzeiten: Von Corticeiras zum Paß 50 Min.; Abstieg bis zum Fluß Ribeira do Curral 2 Std.; Aufstieg bis zum Ort Curral das Freiras 45 Min. (bis zur Levada do Curral nur 15 Min.).

Verpflegung: Bars in Corticeiras und Curral de Baixo. Kein Trinkwasser.

Kombinationen: Alle Wanderungen, die nach Curral das Freiras führen; besonders zu empfehlen ist der Rückweg nach Funchal entlang der Levada do Curral e Castelejo (gesamter Weg 7 Std., Tour 1).

die Bergwelt hallen und die laute Musik aus den Kassettenrekordern übertönen.

In den späten Nachmittagsstunden begegnen uns Frauen und Männer mit Plastiktüten in der Hand und Körben auf dem Kopf, und an den Wochenenden kehren auch die Jüngeren ins Dorf zurück. Die Häuser dieses Bergdorfes waren bis 1993 noch nicht auf einer Straße zu erreichen; doch inzwischen schoben sich die Baumaschinen weiter auf diesem Abhang hoch.

Der Fußweg durch das Dorf endete 1993 noch auf der 1992 erbauten *Teerstraße*, die nach rechts die *Ribeira do Curral* auf einer breiten Brücke überquert. Nach links steigt sie steil an und ermöglicht so den schweren Transportfahrzeugen, das Nachbartal zu erreichen, von wo aus durch einen Tunnel Wasser aus dem Curraltal zum neuen Elektrizitätswerk in Cãmara de Lobos fließen wird.

Kurz vor der Brücke, oberhalb des rechten Flußufers, wurde 1992 ein gekacheltes *Café* eröffnet. Dort ist seit 1993 die neue Endstation des Busses 81. Von hier aus kann ein Taxi gerufen werden, wenn man den Aufstieg nach Curral scheut. Zu Fuß überquert man zunächst den Fluß und geht weiter, bis auf der linken Seite, zwischen den Häusern und Gärten, der von Laternen gesäumte alte *Treppenweg* zum Ortszentrum von *Curral das Freiras* zu sehen ist. Auf ihm erreicht man auf etwa 900 Stufen in anstrengenden 45 Min. den Ort. Er ist der neuen Teerstraße vorzuziehen, denn dort läuft man durch die vom Straßenbau durchschnittenen Grundstücke, entlang zerstörter Gärten und betonierter Hänge.

In 500 m Höhe stößt man auf die *Levada do Curral e Castelejo* (Tour 1), eine der eindrucksvollsten und immer noch sehr einsamen Levadas des Landes.

Der alte Pilgerweg

6 Std. | 850 – 700 –1400 – 1200 – 750 m. | 18 km.

Tourencharakter: *Gebirgswanderung mit Auf- und Abstiegen.*
Wetterabhängigkeit: *Da die Wanderung vor allem an südwestlichen Hängen entlangführt, ist sie gut für die kältere Jahreszeit geeignet. Um der nachmittäglichen Nebelbildung im zentralen Madeira zu entgehen, ist es empfehlenswert, mit der Wanderung am Encumeada-Paß morgens zu beginnen.*

Bergweg vom Encumeada-Paß bis nach Jardim da Serra

Von der ER 228 zwischen Ribeira Brava und dem Encumeada-Paß zweigt auf 850 m nach zwei Hotels eine deutlich sichtbare Erdstraße nach rechts ab. Von dem Encumeada-Paß aus ist diese Abzweigung 0,5 km abwärts auf seiner Südseite zu erreichen. Diese Erdstraße wurde als Transportweg für die Arbeiten am Wasserkraftwerk von *Serra de Água* angelegt und führt zum oberen Ende der großen Rohre, in denen das Wasser von der *Levada do Norte* zum Kraftwerk hinunterstürzt. Nach 5 Min. ist dort, wo eine zugewachsene Levada von links oben herunterkommt, eine kleine Weggabelung. Wir gehen auf dem Hauptweg weiter nach rechts und bleiben auf derselben Höhe. Nach 10 Min. endet der befahrbare Weg bei den Rohrleitungen. Die Rohre passiert man, und es beginnt im Eukalyptuswald der schöne Wanderweg.

Nach 30 Min. überquert man einen Bach. Hier ist der erste von vielen Pfaden auf dieser Wanderung, die nach rechts abwärts zum unter uns liegenden Dorf *Serra de Água* führen. Wir wollen aber oberhalb des Dorfes auf dem Hauptweg bleiben, der zunächst fast konstant auf 800 m angelegt ist. Nachdem man den Eukalyptuswald verlassen hat, ist er von Lorbeerbäumen, Far-

Route siehe Kartenskizze auf Seite 31

Kurzinfo

Ausgangsort: Corticeiras, das oberhalb von Estreito de Cãmara de Lobos liegt.

Zielort: Curral das Freiras.

Gehzeiten: Von Corticeiras zum Paß 50 Min.; Abstieg bis zum Fluß Ribeira do Curral 2 Std.; Aufstieg bis zum Ort Curral das Freiras 45 Min. (bis zur Levada do Curral nur 15 Min.).

Verpflegung: Bars in Corticeiras und Curral de Baixo. Kein Trinkwasser.

Kombinationen: Alle Wanderungen, die nach Curral das Freiras führen; besonders zu empfehlen ist der Rückweg nach Funchal entlang der Levada do Curral e Castelejo (gesamter Weg 7 Std., Tour 1).

Ausgangspunkt: Encumeada-Paß im Westen Madeiras, und zwar auf der Südseite.

Endpunkt: Der Paß Boca da Corrida oberhalb der Ortschaften Jardim da Serra und Corticeiras.

Verkehrsverbindungen: Bus Nr. 6 von Funchal nach Boaventura, Halt kurz vor dem Encumeada-Paß, um den man den Busfahrer ersuchen kann: »Caminho da Ribeira do Poço«. Vom Paß bis zu dem Wegbeginn sind es zu Fuß bergab 10 Min. auf der Landstraße. Von der Pousada dos Vinháticos aufwärts bis zum Ausgangspunkt sind es 40 Min. zu Fuß auf der Landstraße.

nen, Ginster und Erikabüschen fast zugewachsen. Die Bachbetten sind, wo sie den Weg kreuzen, mit Zementrändern eingefaßt, so daß sie passierbar sind.

Nach 60 Min. wird im Tal der *Ribeira do Poço* (Fluß des Brunnens) in 700 m Höhe ein (fast) verlassenes Dorf erreicht. Einige Felder werden noch bebaut, und bei den strohgedeckten Palheiros riecht es nach frischem Dung. Die pittoreske grasbewachsene *Brücke* führt über den ersten Arm des Baches. An seinem Ufer bieten sich gute Campiermöglichkeiten, zumal das Wasser sauber ist. Immer mehr ergreift die üppige Vegetation Madeiras Besitz von diesem Dorf. Da aber einige Bauern aus dem 400 m tiefer liegenden *Serra de Água* hier noch ihre Felder bearbeiten, sieht es nicht nach Verfall aus, sondern strahlt eine unglaubliche Ruhe aus.

Nach der *zweiten Brücke* über einen weiteren Arm des *Ribeira do Poço* verlassen wir das Dorf. Der Weg steigt jetzt rasch am Hang hoch. Bei Weggabelungen lassen wir die nach rechts abzweigenden Pfade wiederum außer acht. Es kann sein, daß die vor Jahren hier aufgemalten roten Punkte noch als Wegmarkierungen zu erkennen sind.

Die letzten Felder in diesem wasserreichen Tal reichen bis 900 m hinauf. Nach 1 Std. und 50 Min. sind wir bei 1000 m und schon 300 m oberhalb des Dorfes. Man geht an einer Steinmauer entlang. Die Vegetation besteht nur noch aus niedrig wachsenden Farnen. Der stetige Anstieg strengt an.

Nach 2 Std. 15 Min. und in einer Höhe von 1150 m fließt links eine Quelle. Der Weg geht durch freies Gelände, bevor er sich an die Felsen schmiegt. Wieder umranken ihn Erikabäume, Brombeerhecken und Lorbeerbäume. Abgeschlagene Erikaäste lassen erkennen, daß der Weg noch unterhalten wird. Trotzdem wächst der weiche Besenginster manchmal brusthoch auf dem Weg.

Der Blick wird für eine ganze Weile von einem gezackten Felsen eingefangen, der an einen Schwanenhals erinnert, bis er nach 2,5 Std. aus unserem Blickfeld verschwindet. Der Weg hat nämlich auf einer idyllischen Felsnase eine scharfe Biegung nach Nordosten in das nächste Tal gemacht. Man hört das Rauschen von Wasserfällen, sieht sie aber nicht.

Hinter einem aufragenden Lavafelsen erblickt man endlich den langen Wasserfall, der schon weit oberhalb des Weges mit seinem Sturz in die Tiefe beginnt. Auf dem Weg entlang der Felsen wachsen Pfefferminze, Thymian und an kleinen Bächen sogar Brunnenkresse. Die feuchten Felswände sehen wie Steingärten aus. Der Weg ist auf einer Grassohle noch gut begehbar. Der Talkessel ist jetzt nach Süden hin geöffnet, so daß es trotz der Höhe von 1250 m noch recht warm sein kann. Ein bizarres Riff aus Lavagestein zieht die Aufmerksamkeit auf sich.

Doch dann muß man für die nächsten 20 Min. die ganze Konzentration auf den Weg richten, der in der *Fenda do Ferreiro* (Spalte des Schmiedes) immer feuchter wird. Jetzt kommt die einzige gefährliche Stelle dieser Wanderung. Eine alte Levada verwandelt den Weg durch ihr überfließendes Wasser in einen Sumpf und macht ihn fast unbegehbar. Nach starken Regenfällen kann zudem Steinschlag den Weg beschädigt haben. Wenn man nach links hochschaut, verwundert der Zustand des Weges an dieser Stelle nicht: Senkrecht überragen die 300 m hohen Felswände den kleinen, schmalen Pfad. Oberhalb verläuft der alte

Gehzeiten: Bis zum Dorf an der Ribeira do Poço 60 Min.; Aufstieg bis zur Felswand in der Fenda do Ferreiro 2 Std.; Erreichen des Passes der Boca do Cerro 10 Min., von dort bis zur Boca da Corrida 1 1/2 Std.; Abstieg nach Jardim da Serra 60 Min.

Unterkunft: Pousada dos Vinháticos und Residencial da Encumeada (Tel. 95 12 81 / 2) an der Straße 228 vor dem Paß.

Verpflegung: Restaurants in den zwei Hotels, Bar am Encumeada-Paß und in Corticeiras. Trinkwasser entlang des Weges.

Weg zum *Pico Grande* (Tour 7.3), und man begreift, warum an diesem Felsen die Madeirenser ihren Meister fanden und keine Treppen hineinsetzen konnten! Man fragt sich allerdings, wie der Weg damals ausgesehen haben mag, als er noch die Hauptverbindung für Pilger und Händler zwischen *São Vicente* und *Câmara de Lobos* darstellte und Waren auf den Schultern und Menschen in Sänften oder Hängematten hier entlang getragen wurden!

Nach 3 Std. 15 Min. Gehzeit ist der Weg wieder trocken und hat seine gewohnte Breite. Eßkastanien sind jeweils in den Einschnitten entlang der Hänge angepflanzt, wo sie sogar bis in eine Höhe von 1200 m noch genug Schutz haben. Ihre Äste ragen im Winter und Frühjahr gespenstisch weiß in den Himmel. Auch hier ist der Weg vom Ginster fast zugewachsen, so daß man leicht eine Weggabelung übersieht, an der manchmal ein Schild mit der Aufschrift »Curral« liegt oder steht: Wir nehmen den Weg nach links und kämpfen uns einige Meter durch den hüfthoch wachsenden Ginster. Wir gehen durch ein Ziegengatter und schauen plötzlich in das *Curral-Tal* hinunter. Wir befinden uns an der *Boca do Cerro*, dem Ziegenpaß. Ein zu jeder Zeit schöner Picknickplatz ist hier erreicht, kann man sich doch je nach Wetter aussuchen, auf welcher Seite des Kammes man rasten möchte: auf der Ostseite mit Blick auf das *Curral-Tal* oder auf der Westseite mit Blick in das Tal von *Serra de Água* (Tour 7.3).

Für die Fortsetzung unserer Wanderung kehren wir durch das Ziegentor wieder zurück auf die Westseite des Kammes, also auf die Seite von *Serra de Água*, und folgen weiter dem alten Pilgerweg. Nach 15 Min. passieren wir erneut ein Ziegengatter. Wir bleiben bis zum nächsten Paß auf dem

1300 m hohen Kamm und haben nach weiteren 20 Min. wieder ein Ziegentor geöffnet und geschlossen.

Am nächsten Paß, der *Boca dos Corgos*, ist ein idealer Lagerplatz wiederum wahlweise mit Blick in das *Curral-Tal* oder nach *Serra de Água*. Aber es gibt kein Wasser. Der breite Weg, der rechts in das »Land des Wassers« abwärts führt, ist ein alter, vielbenutzter Fußweg gewesen. Man könnte sich verführt sehen, ihn für einen Abstieg nach *Serra de Água* zu benutzen. Aber er ist nur zu Beginn bequem. 100 Höhenmeter, bevor man zur *Levada do Norte* kommt, ist er nicht mehr aufzufinden, so daß man mühsam durch den Wald stapfen muß.

Wir bleiben also auf unserem gut ausgetretenen Höhenweg, der an steileren Strecken noch schöne Steinstufen hat. Eine Stunde nach der *Boca do Cerro* fallen rechter Hand schräg geschichtete Lagen von Tuff und Basalt auf. Wiesenblumen blühen am Wegesrand. Rückblickend schaut man auf alle Bergspitzen des hohen Gebirgszuges, der Madeira in eine Süd- und Nordhälfte teilt und der den Kessel von Curral das Freiras so majestätisch überragt.

Unser Weg endet auf dem 1200 m hohen *Corrida-Paß* neben dem *Forsthaus* und einer kleinen Madonna. Hier ist unser Weg in der umgekehrten Richtung nach »Curral das Freiras« und »Encumeada« ausgeschildert. Von den kleinen Aussichtspunkten an diesem Paß wird auch von den Madeirensern, die mit Familie, Musik und Picknickkörben hier hochfahren, immer wieder der Blick auf das *Curral-Tal* genossen. Die extrem steile gepflasterte Straße führt in 4 km, vorbei an der *Quinta do Jardim da Serra*, nach dem 450 m tiefer gelegenen *Corticeiras*.

Kombinationen: Abstieg nach Curral das Freiras von der Boca do Cerro aus (Tour 7.3). Von der Boca da Corrida weiter in Richtung Fontes.
Zum Rundweg über den Pico Grande vgl. die Anregung in Verbindung mit Tour 11 (S. 68).

Abstiege in das Serra-de-Água-Tal können wir derzeit wegen der Bauarbeiten an der neuen Straße nach São Vicente und an dem Wasserprojekt nicht empfehlen.

7 Zurück in das Tal der Nonnen

2 Std.

1550 – 1250 – 750 – 600 m.

Tourencharakter: *Teilweise steiler Abstieg mit Rutsch- und Steinschlaggefahr.*
Wetterabhängigkeit: *Nicht bei starkem Wind oder kurz nach Regenfällen.*

Abstiege aus dem Gebirge nach Curral das Freiras

Route siehe Kartenskizze auf S. 31

7.1 Über den Lombo Grande nach Fajã dos Cardos

Pico Ruivo – 1. Weggabelung – Fajã dos Cardos – Curral das Freiras

Wenn man 1 Std. und 40 Min. vom *Rasthaus am Pico Ruivo* in Richtung *Encumeada* (Tour 11) gelaufen ist und die Wanderung auf dem ersten Abstieg nach Curral das Freiras beenden möchte, muß man in 1550 m Höhe auf eine kleine *Weggabelung* achten: 1993 lag hier ein flacher Stein, mit zwei blauen *Pfeilen* bemalt. Der Pfeil, der schräg in Gehrichtung nach oben weist, führt den Wanderer weiter zum *Torrinhas-Paß,* der noch 20 Min. entfernt liegt. Nach starken Regenfällen ist auf jeden Fall dieser Umweg zu empfehlen (Tour 7.2). Der Pfeil nach abwärts markiert den alten *Abstieg* ins Curraltal, den wir im folgenden beschreiben.

Dieser Abstieg verläuft durch das Quellgebiet der *Ribeira da Gomeira*. Die steilen Zuflüsse dieses Baches, der in das Curral-Tal hinunterfließt, sammeln das Wasser von den Hängen des *Lombo Grande,* dem »großen Bergrücken«. Der Weg muß früher sehr imposant angelegt gewesen sein, doch sollte man jetzt seinen Teleskopstock auspacken. Der Weg ist vom Herabschleifen der Erikastämme oft rutschig, und in den Bachbetten sind die notwendigen Treppenbefestigungen beschädigt.

Nach 10 Min. etwas mühsamen Abstiegs erreicht man auf 1430 m ein *Ziegentor* und läuft anschließend an einem Zaun aus *Erikaholz* weiter. Der Blick geht auf das Curraltal mit den jetzt deutlich erkennbaren Narben des Straßenbaus. In 1250 m Höhe folgt nach weiteren 30 Min. das nächste, sehr dekorative *Ziegentor* zwischen hohen Ginsterbüschen. Ein *Stein mit blauem Punkt* ist der Versuch, diesen Weg als Aufstiegsmöglichkeit zu markieren. Man geht nach dem Tor nur 30 Schritte und gelangt zum Hauptweg, der links nach *Curral das Freiras* abwärts und rechts zum *Torrinhas-Paß* aufwärts führt.

Dem Abstieg vom *Torrinhas-Paß* (Tour 7.2) und diesem Abstieg gemeinsam ist der nächste Streckenabschnitt: Wir gehen weiter nach links in Richtung *Curral das Freiras*. Man taucht in den Eukalyptuswald ein, dessen Bäume auch als Nutzholz verwendet werden, weshalb auch hier der Weg durch das Schleifen des Holzes oft beschädigt ist. Der Wald war 1993 nicht »aufgeräumt«, ein Sturm muß die Stämme wie Streichhölzer durcheinandergeworfen haben. Der Besenginster (Cytisus scoparius) war inzwischen brusthoch gewachsen und manches Mal nur noch schwer zu durchlaufen. Dennoch ist der Weg nicht zu verfehlen, und man kommt nach 1 Std. (750 m) bei den ersten bebauten Feldern aus dem dichten Bewuchs heraus. Entlang einer Levada, vorbei an einem Levadabecken und durch Terrassen mit Gemüseanbau erreicht man nach weiteren 15 Min. die *Brücke* über den *Curralbach* bei Fajã dos Cardos, den Ausgangspunkt der Wanderung zu dem *Pico Ruivo,* die wir als »wilden Aufstieg zum Roten Gipfel« beschreiben (Tour 8).

Da nach den vorliegenden Plänen die Straße nach Norden entlang der *Ribeira da Gomeira* und nicht auf den alten Weg des Torrinhas-Passes gelegt werden soll und

Alter Schäferweg vom Pico do Arieiro nach Curral das Freiras.

durch die Untertunnelung auch der Paß selbst nicht tangiert wird (ER 107), wird dieser Abstieg bei Fortsetzung des Straßenbaus eher unterbrochen sein als die folgende Variante (Tour 7.2).

7.2 Vom Torrinhas-Paß Abstieg nach Curral das Freiras

Pico Ruivo – Torrinhas-Paß – Fajã dos Cardos – Curral das Freiras

Entlang des Höhenweges vom *Pico Ruivo* zum *Encumeada-Paß* (Tour 11) erreicht man vom Rasthaus des Roten Gipfels in 2 Std. den *Torrinhas-Paß* (1440 m). Kaum lesbare, große *Verkehrsschilder* stehen hier noch aus der Zeit, als dieser alte Madeiraweg die wichtigste Nord-Süd-Verbindung darstellte.

Auf dem kleinen Vorsprung, wo die Schilder aufgestellt sind, ist ein idealer Picknickplatz, wo man die Wärme der Südseite genießen kann. Hat der Paß etwa danach seinen Namen »Galerie«?

Der Abstieg von hier nach *Curral das Freiras* ist leichter als unsere erste Variante. Er ist teilweise von Gras bewachsen, und daher besteht keine Rutschgefahr. Die hohen Erikabüsche gewähren auf dieser Südseite viel Schatten. In 30 Min. ist die Weggabelung erreicht. Der Pfad, der von links kommt, ist das Ende des direkteren Abstiegs vom *Pico Ruivo* (Abstieg 7.1).

Gehzeiten: Abstieg vom Höhenweg bis zur Weggabelung 30 Min. (8.1) bzw. 40 Min. (8.2); bis zum Fluß *Ribeira do Curral* 75 Min.; von dort Fußweg bis zum zentralen Platz in Curral das Freiras, falls keine Fahrmöglichkeit vorhanden ist, 70 Min.

7.3 Abstieg über den Pico Grande

Über die Boca do Cerro und am rechten Flußufer nach Curral das Freiras

Noch sind wir Optimisten und möchten auf diesen schönsten Weg nach *Curral*, den nur sehr erfahrene Wanderer und Madeirakenner unternehmen sollten, hinweisen. Sollte doch jemals die geplante Straße von dem Encumeada- bis zu dem Torrinhas-Paß gebaut werden, dann wird an diesem Höhenzug der folgende Weg überhaupt nicht mehr auffindbar sein: Es ist ein alter Madeiraweg, der aber schon seit Jahren nur noch von Schäfern benutzt wird.

Wenn man auf der Wanderung vom *Pico Ruivo* in Richtung Encumeada-Paß (Tour 11) nach 4 Std. wieder einmal über den Kamm des Höhenzugs von der Nord- zur Südseite gewechselt ist, ist eine *Gabelung des Weges* (1570 m) nicht zu übersehen. Nach rechts führt der Weg weiter zum *Encumeada-Paß*

Markante Auswaschungen am westlichen Fuß des Pico Grande, bevor man sich dem letzten Aufstieg nähert (Tour 7.3).

im Westen, nach Südosten abwärts können wir über den *Pico Grande* nach *Curral das Freiras* oder auch *Jardim da Serra* (Tour 6) zurückkehren.

Jeder, der in Curral das Freiras gewesen ist, erkennt die »große Bergspitze« wieder, die jetzt unser Ziel ist. Im Nordwesten dominiert dieser kahle, domartige Berg das *Tal der Nonnen*. Seine dicht beieinanderliegenden höchsten Erhebungen sind zwischen 1600 und 1660 m hoch, so daß er 1000 m direkt über dem Tal aufragt.

Wir beginnen also den Abstieg an dieser Weggabelung nach links. Nach 5 Min. versperrt ein *Ziegengatter* (1500 m) den Weg. Hier haben die Schäfer einen Tritt zum Übersteigen des Zauns eingebaut. Die nächsten 30 Min. steigt man im Lorbeerwald ab, der sich noch in seiner ursprünglichen Dichte zeigt, bis man auf einer Höhe von 1350 Metern ist. Entlang des folgenden Steilhangs gab es einst kunstvoll aufgeschichtete Stufen, von denen nur noch einige erhalten sind. Absolute Trittsicherheit ist erforderlich, da die Stufen mit Schutt bedeckt sind. Erdrutsche sind nicht beseitigt, die Treppen haben keine Sicherung.

Nach diesem ungemütlichen Steilhang ist wieder ein bequemer Weg erreicht, an dem man des öfteren Feuerstellen der Schäfer entdeckt. Überraschend ist der Blick nach Westen: Man schaut in das Tal von *Serra de Água*. Der ursprüngliche *Laurazeenwald* hatte vor einigen Jahren hier unter einem Waldbrand zu leiden. Nach 60minütigen leichten An- und Abstiegen scheint der Weg vor einer Art *Schafstall* zu enden. Man sucht vergeblich nach einer Pforte. Auf keinen Fall darf man hier weiter abwärts gehen. Einige Balken oder auch Baumstümpfe sind an dem Holzzaun des Schafstalls so arrangiert, daß man hinübersteigen kann.

Auf der anderen Seite dieses Zaunes gewinnt der Weg seine alte Qualität wieder und gewährt grandiose Ausblicke in das nächste Tal. Rasch steigen wir auf diesem Grasweg wieder aufwärts. Bei 1450 m zeigen linker Hand die *Basaltfelsen*, an denen dieser Weg entlangführt, sehr auffällige *Höhlen*, die durch Auswaschungen entstanden sind (vgl. Abb. links). Über eine kleine Felsnase gelangt man zu einer in dieser Höhe ungewöhnlich großen Fläche, die fast sanft im Vergleich zu den übrigen Felsen abfällt. Von dieser »Fläche« hat die Macchia derart Besitz ergriffen, daß der Weg plötzlich nicht mehr auffindbar ist. Hier muß man sich in der Mitte von diesem Hang halten und seinen Weg über die »Fläche« bis zum massigen Rand des *Pico Grande* selbst suchen. Der steil aufragende Berg ist dabei die Orientierungshilfe. Man wird merken, daß der Hang steiler als erwartet ist. Man sollte sich nicht verführen lassen, irgendwelchen Ziegenpfaden zu folgen, denn sie enden hier an einem imponierenden, 300 m hohen Abbruch. An dessen Fuß verläuft der schmale Weg von der *Boca do Cerro* zu dem *Encumeada-Paß,* Tour 6.

In umgekehrter Richtung, also bei einem Abstieg vom *Pico Grande* in Richtung *Encumeada Paß,* ist dieser Weg entlang der Basaltfelsen mit seinen Auswaschungen schwierig zu finden: Man muß sich, wenn man die Treppen von dem Pico Grande heruntergestiegen ist, rechts halten, weiter durch die Macchia stapfen, bis man den Pfad kurz vor dem Abgrund rechter Hand auf einem kleinen Kamm findet, der dann direkt zu diesen Felsen in Richtung Nordwesten führt.

15 Min. wird man brauchen, um über diesen Hang ohne Pfad zum Fuß des *Pico Grande* hochzusteigen, dann wird auf 1500 m der Einstieg in den schönsten alten *Treppenweg* Madeiras erreicht: Die nächsten 100 Höhenmeter führen zwischen den Felsen auf Stufen in Serpentinen hoch. Das Wasser läuft in Rinnsalen über die Treppen hinunter und zerstört sie immer mehr. Vorsichtig muß manches Mal etwas Schutt vorgeschoben werden, um sicherer Tritt zu fassen. Dort, wo die Stufen trockener sind, zeigen sie durch die hellen Flechten, die auf ihnen wachsen, schöne Muster. Fast immer liegen diese Treppen im Schatten, denn wir nähern uns der Spitze des *Pico Grande* von seinem Nordhang her. Die letzten Stufen, mit großer Könnerschaft so zwischen zwei Felswände gelegt, daß man sicher wie auf einer Haustreppe in bequemer Schrittlänge hochsteigt, eröffnen dann den überraschenden Ausblick: Bei 1600 m Höhe haben wir nach 1 Std. 40 Min. eine begraste kleine Hochebene erreicht. Erst jetzt erkennt man, daß der *Pico Grande* kein gewaltiger Dom ist, sondern daß verschiedene Spitzen aus

rötlichem Gestein diese kleinen Wiesen überragen.

Hier oben ist eine von den Schäfern aufgeschichtete Mauer leicht zu erkennen, über die man auf eingebauten Tritten hinübersteigt. Vor einem liegt 1000 m tiefer das Tal von *Curral das Freiras*.

Für den Abstieg sucht man sich zwischen den Ziegentrampelpfaden, indem man in Serpentinen abwärts geht, immer die bequemsten aus. Dabei läuft man in der Richtung der sichtbaren *Kirche von Curral*, die tief unter einem liegt. Nach insgesamt 2 Std. erreicht man wieder ein *Ziegengatter*; dahinter ist ein kurzer Abstieg auf sehr steilen, ungesicherten Felsentreppen zu bewältigen. Der Rest des Weges gewinnt dann seine Qualität wieder als alter Madeira-Verkehrsweg. Er folgt etwas unterhalb der Kante des Pico Grande, die hier das Curral-Tal nach Nordwesten begrenzt, immer mit Blick auf den Ort Curral, bis diese Kante auf einem immer flacher werdenden schmalen Bergkamm ausläuft. Man muß durch *einen Pferch* hindurchgehen, der für die Schafschur benutzt wird. Nach rechts führt der Pfad über den Kamm durch hohen Ginster direkt zur *Boca do Cerro*, von wo aus der Blick in das Tal von *Serra de Água* schweift. Eine *Pforte* zeigt an, daß hier die Weidegebiete der zwei Täler voneinander getrennt werden. Von hier aus ist die Wanderung auch in Richtung *Corticeiras* und *Jardim da Serra* (nach links) oder zu dem *Encumeada-Paß* (nach rechts) fortzusetzen (Tour 6).

Der Paß ist schön zum Lagern, kann man sich doch je nach Wetter diejenige Seite aussuchen, auf der man bleiben möchte. 2 Std. 25 Min. braucht man für den Abstieg bis hierher, doch *Curral* ist noch nicht erreicht.

Für den Abstieg nach Curral von der *Boca do Cerro*, dem »Ziegenpaß«, müssen wir natürlich auf der Ostseite des Passes stehen, von wo aus der Blick in den Talkessel von Curral geht. Die *Eßkastanien-Anpflanzungen* ziehen sich bis hier herauf. Niemanden wird es überraschen – wenn er nach Curral hinuntergeschaut hat –, daß der folgende Weg steil, aber trotzdem viel begangen ist und deshalb selbst bei Nebel kaum verfehlt werden kann.

Nach 10 Min. Abstieg wird auf 1250 m ein Bach mit einem *Wasserfall* überquert, der uns zum ersten Mal seit dem Höhenweg wieder mit Trinkwasser versorgen kann. Nach weiteren 30 Min. wird der markanteste Punkt erreicht: Eine *Felsnase* in der Form eines liegenden »J« breitet sich direkt unter uns aus. Auf ihr führt der Weg entlang. Diese auffällige Formation ist auch vom Weg zum *Pico Ruivo* von der anderen Talseite aus zu sehen (Tour 8). Nach weiteren 20 Min. ist dieser Bergrücken überquert. Der Weg fordert wiederum unser Bewunderung für die alten Wegebauer heraus. Nach beiden Seiten fallen die Felswände jäh ab, und in kleinen Serpentinen schlängelt sich der Weg am nördlichen Hang der Felsnase weiter abwärts. Über uns erhebt sich der dunkle Pico Grande, unten im Tal erkennt man als größtes Gebäude die *Schule,* zu der eine Brücke führt.

Im Kastanienwald wie auch in den tiefer liegenden Anpflanzungen der Eukalyptusbäume muß man sich bei Gabelungen des Weges immer rechts halten. Nimmt man eine Abzweigung nach links, würde man bei der *Schule* im Curraltal enden, während unser Ziel dieses Abstiegs weiter flußabwärts die *letzte Brücke* vor dem Ort Curral ist. In 900 m Höhe trifft man erwartungsgemäß auf das *Ziegengatter,* das, von einer Schuhsohle gehalten, automatisch schließt.

10 Min. nach diesem Gatter und nach etwas mühevollem, rutschigem Abstieg auf den ausgewaschenen Wegen im Eukalyptuswald tritt man schon aus dem Wald heraus. Hier trifft man auf ein *Wasserbecken,* das eine Levada speist. Durch die Felder abwärts wählt man am besten immer die Stufen und die Arbeitswege zwischen den Feldern, die am breitesten sind. Nach weiteren 10 Min. werden die ersten Häuser erreicht.

In 650 m Höhe beginnt ein *beleuchteter Serpentinenweg,* der auch gut von dem gegenüberliegenden Hang aus sichtbar ist (Tour 8). Zwischen den angepflanzten Agaven führt er rasch bis zur Brücke hinunter. Zwei Stunden nach Beginn des Abstiegs am Paß wird auf ihr der Fluß *do Curral* (600 m) passiert. Dieser Fußweg steigt auf dem gegenüberliegenden Ufer leicht an und läuft im spitzen Winkel auf die neue, breite Straße zu, die nach rechts bis zum Ort Curral führt. Nach links würde man die Aufstiege zum *Torrinhas-Paß* (Tour 7.1 und 7.2) und zu dem *Pico Ruivo* (Tour 8) erreichen. In der Regel wird man auch von hier aus weiter zu Fuß laufen, obwohl die Straße befahrbar ist, weil bislang noch kein Busverkehr vorgesehen ist. Rechter Hand ist 30 m unterhalb die Madre der großen Levada von *Curral* nach *Funchal* (Tour 1) zu erkennen. Die breite Zementbrücke führt über das steile Flußbett der Ribeira do Cidrão. Kurz danach beginnen links die legendären 800 flachen Stufen des Aufstiegs zum Ortskern von Curral das Freiras.

Gehzeiten: Von dem Höhenweg bis zur Spitze vom Pico Grande 1 Std. 40 Min.; Abstieg bis zu der Boca do Cerro 45 Min.; von der Boca do Cerro bis zu der Brücke über den Fluß Curral 2 Std.; von der Brücke bis zum Ortszentrum 25 Min.

8 Wilder Aufstieg zum Roten Gipfel

5 Std. 15 Min. 650 auf 1862 m.

Tourencharakter: *Langer, steiler Aufstieg zum Höhenweg. Von dort leichter Anstieg bis zum Pico Ruivo.*
Wetterabhängigkeit: *Nicht im Nebel oder bei starkem Wind.*

Von Curral das Freiras zum Pico Ruivo

Kurzinfo

Ausgangspunkt: Curral das Freiras.

Endpunkt: Pico Ruivo.

Rückkehr: Vom Pico Ruivo führen nur Fußwege weiter.

Abstiege und Wegkombinationen (siehe Wegverlauf).

Gehzeiten: Insgesamt 5 Std. 15 Min., zusätzlich 1 Std. durch das Curraltal, falls man nicht fahren kann.

Verpflegung: Restaurants und Bars in Curral das Freiras. Trinkwasser auf der Wanderung. Getränke und Wasser in der Berghütte am Pico Ruivo. Grillhaus mit Holz und WC auf dem Platz vor der Berghütte.

Solange noch kein Bus von Curral das Freiras bis zu den letzten Häusern von *Fajã dos Cardos* im nördlichen Ende des Tales fährt, nimmt man am besten ein Taxi oder seinen eigenen Wagen, um sich den 60minütigen Fußweg entlang der neuen Straße zu ersparen.

In Fajã dos Cardos beginnen wir mit der Wanderung an der Brücke, die über den Curral-Fluß zum *Torrinhas-Paß* führt (Tour 7.1 und 7.2). Wir lassen sie jedoch links liegen, überqueren also nicht den Fluß, sondern wandern im *Montado-Tal* weiter in Richtung Norden. Bis zu der nächsten und damit auch *letzten Brücke* sind es noch 20 Min. (Wegen der besseren Orientierung wird in Klammern ab hier die Gesamtgehzeit angeführt.)

Auf dieser Brücke überqueren wir den Fluß und halten uns direkt danach rechts. Zwischen der Blumenpracht einiger Häuser beginnen wir auf 670 m mit dem Aufstieg. Schulkinder, Bauern und Schäfer, das typische Seil über die Schulter geschlungen, Frauen in Gummistiefeln, die zu ihren Feldern aufsteigen, sind die »letzten« Fußgänger, die man hier antrifft. Ihnen allen ist der Weg zum *Pico Ruivo* bekannt. Sie fragen schon von sich aus, ob man wohl zum »Piek Rüv« wolle, und weisen einem gern die Richtung.

Die Steintreppen und Mauern aus dunklem Lavagestein sind von Farnen bewachsen, von März bis September blüht das Beschreikraut (Erigeron karwinskianis), das unserem Gänseblümchen ähnelt. Die Weingärten ziehen sich den steilen Hang bis zum Fluß hinunter, und auf den Terrassen der wenigen Häuser werden zwischen den vielen bunten Gartenblumen auch Orchideen in Töpfen gezogen.

Zum Talende erblicken wir hoch über uns die ausgefransten Spitzen des *Pico das Torres* (1851 m). Der *rote Gipfel* Madeiras, mit 1862 m der höchste Punkt der Insel, unser Ziel, liegt in Richtung Norden dahinter versteckt. Nach 15minütigem Anstieg (35 Min.) hat man das letzte Haus und die letzte Laterne hinter sich gelassen. Weiter geht es durch die mit Kohl, Bohnen, Kartoffeln, Obstbäumen und Wein bepflanzten terrassierten Felder. Linker Hand sprudelt eine *kleine Levada* bergab.

15 Min. (50 Min.) nach dem letzten Haus erreichen wir wieder einen Bach (790 m). Bei hohem Wasserstand kann man ihn auf einer kleinen *Holzbrücke* überqueren und verläßt damit das *Montado-Tal*, das sich weiter nach Osten erstreckt, während wir in das Gebirge in Richtung Nordosten aufsteigen werden.

Zwischen den kleine *Poios* ersteigen wir die nächste halbe Std. (80 Min.) auf Stufen den terrassierten Hang, auf dem vor allem Eßkastanien wachsen. Man muß die Stufen möglichst weit links nehmen, so daß man in der Nähe desselben Baches, den wir vorher überquert hatten, bleiben. Es ist wichtig, daß man so lange seinem linken Ufer folgt, bis ein Nebenarm, von Nordosten herabrauschend, sich mit diesem Hauptarm vereinigt hat. Kurz danach erst, und zwar in der Höhe von 900 m, ist der richtige Weg gefunden: Es ist ein Trampelpfad, der etwas oberhalb einiger gut erhaltener *Palheiros* verläuft und nach links durch einen *Hohlweg* abwärts zum Bach führt. Der (scheinbare) Hauptweg hingegen führt weiterhin an Brombeerhecken entlang zu den nächsten Feldern hoch. Unser kleiner Pfad führt zu einer *Furt* über den etwa 5 m tiefer liegenden Bach. Auf Steinen, die in den Bach gelegt sind, kann man leicht das gegenüberliegende Ufer erreichen, wo der weitere Weg erkennbar ist. Die Wasserlöcher neben der Furt eignen sich zum Baden, auch sollte man hier seine Wasserflaschen auffüllen.

Nach Überquerung des Baches tauchen wir kurz in Brombeerhecken, Lorbeerbäume und wild wachsende Kirschbäume ein. In kleinen Serpentinen geht es anschließend noch über einige Terrassen mit angepflanzten Kastanien, die schließlich von großen Lorbeerbäumen abgelöst werden, steil aufwärts. Links wird der Weg streckenweise von einem alten Zaun aus knorriger Erika begrenzt. Jenseits desselben fällt der Steilhang zu dem *Nebenfluß* jäh ab. An seinem gegenüberliegenden Steilufer erkennt man einige Ställe und Bienenkörbe.

20 Min. (105 Min.) nach der Überquerung des Flusses stoßen wir auf 960 m unter einem riesigen, alten Lorbeerbaum auf eine *Holzpforte*, die mit alten Gummisohlen gehalten wird und dadurch »automatisch« schließt. Wir gehen durch sie hindurch, und es beginnt – wie fast immer in dieser Höhe – das offene Weidegebiet. Nur vereinzelte Lorbeerbäume stehen noch auf den steilen Weideflächen. Der Weg bleibt jetzt auf dem Rücken zwischen dem Flußtal des *Pico da Roda*, linker Hand, und dem großen Fluß, der rechter Hand von der *Achada da Fonte das Torres* herunterkommt. Er nähert sich dabei, in nordöstliche Richtung führend, immer mehr dem Steilhang des Nebenflusses von dem *Pico da Roda*, das

heißt, daß wir weiterhin in nördlicher Richtung aufsteigen.

Eine grasbewachsene *Felsnase* (1030 m) ragt über diesen Nebenfluß hinaus und wird 40 Min. (125 Min.) nach der Flußüberquerung erreicht. Sie gibt den Blick in das Tal unter dem *Pico da Roda* frei, das von dem Rauschen vieler Wasserfälle erfüllt ist. Man darf den weiteren Weg über diese Flächen zwischen den irritierenden Ziegenpfaden nicht verlieren: Achten Sie auf die *Steinstufen*, die als Tritte angelegt sind. Nach weiteren 10 Min. (135 Min.) und einem Höhengewinn von 40 m macht der Weg unter *hohen Lorbeerbäumen* einen kurzen Bogen in Richtung nach rechts, und zwar auf das von uns gerade verlassene Flußtal zu. Dadurch kann man zurückblickend noch einmal in das *Curral-Tal* hineinschauen. Wer schon die anderen Wanderungen in diesem Talkessel unternommen hat, wird rechts in Richtung Meer sowohl den massigen *Pico Grande* und den Weg, der von ihm über den *Cerro-Paß* über eine Felsnase zum Ort absteigt, als auch den Einschnitt der *Boca dos Namorados* entdecken.

Es hat den Anschein, als wurde der Weg von Lorbeerbaum zu Lorbeerbaum angelegt, die auf diesem südwestlichen Hang willkommenen Schatten spenden. Bei einer Gruppe besonders knorriger Lorbeerbäume findet man zwischen Disteln, Farnen und Moosen, neben einer Felsenhöhle, die von Ziegen benutzt wird, wieder einige Stufen. Diese führen endgültig zurück zum Steilhang, der den Nebenarm im Tal des *Pico da Roda* begrenzt.

Die nächste markante Stelle ist wieder eine vorspringende *Felsennase*, die man von schräg unten ersteigt. Ihre kleine ebene Fläche wird oft von Schäfern als Feuerstelle für ihre Espetada benutzt. Es ist ein schöner

Der Zaun mit dieser markanten Holzpforte trennt in 960 Meter Höhe das Weidegebiet der Ziegen und Schafe von den terrassierten Feldern des Curraltales.

Lagerplatz (1100 m), der 70 Min. (140 Min.) nach der Flußüberquerung erreicht wird. Direkt auf dieser grasbewachsenen Felsennase muß man in kleinen Serpentinen immer weiter aufwärts gehen, bis ein Felsen den Weg zu versperren scheint. Der Trampelpfad geradeaus, der an dem Felsen vorbeiführt, hört kurz danach auf. Man erkennt, daß man auf einer vorspringenden Kante um den Felsen herumgehen muß. Danach erreicht man einen Grat, auf dem es durch bizarre Felsformationen weitergeht. Aus den Felsenritzen wachsen Erika und Ginster, hin und wieder auch noch Lorbeerbäume.

Ein neues Tal ist erreicht. Auffällig ist ein Felsen, der alles wie ein *Doppelzahn* überragt. Wir freuen uns über die in diesem steilen Grat gut angelegten Treppen, auf denen wir mühelos an Höhe gewinnen und nach 2 Std. Anstieg (190 Min.) auf 1260 m den *Doppelzahn* bereits unter uns sehen.

Der weitere Weg, der am Ende des Kessels in der Felswand angelegt wurde, ist von hier aus sichtbar. In einer Höhe von

1280 m verläßt man den schmalen Bergrücken, um die Felswand zu erreichen. Der in sie hineingehauene Weg ist rutschig, da von den *überhängenden Felsen* ständig kleine Rinnsale tropfen. Es ist die einzige gefährliche Stelle auf diesem Anstieg. Da das Wasser schwer aufzufangen ist, sind wir froh, daß wir die Flaschen schon unten am Bach gefüllt haben.

Der Weg bleibt bei 1300 m auf derselben Höhe: Zum ersten Mal wandern wir für eine kurze Zeit über eine ebene Strecke, so daß sich die müden Beine für den letzten Anstieg erholen können. Unter uns formieren sich die Rinnsale zu steil abfließenden Bächen und Wasserfällen, die wir vorher von unten ständig hörten und sahen. Wir sind jetzt oberhalb des *Pico da Roda*. Man erkennt die Häuser von Curral und sieht auf das Gewirr von Felsspalten zurück, die keinen Weg vermuten lassen, was uns wieder Hochachtung vor den alten Wegebauern abfordert. Das Tal ist nach Südwesten geöffnet, so daß die Felswand lange von der Abendsonne beschienen wird und es trotz der Höhe an sonnigen Tagen hier noch lange warm bleibt.

Nach ungefähr 2½ Std. Anstieg (225 Min.) wird noch in der Höhe von 1300 m ein steiler Bach erreicht, wo man nach langer Zeit wieder Wasser schöpfen kann: Ein Felsblock, der den Lauf des Baches versperrt, ist deutlich mit *eingehauenen Stufen* markiert, so daß man ein kleines Stück in dem Bachbett aufwärts geht, bis man dem gut sichtbaren Weg weiter folgt. Man geht durch ein zerstörtes *Ziegengatter* aus Erikakstämmen und blickt auf einen kleinen Wasserfall.

Nach weiteren 30 Min. (255 Min.) seit dem neuen Anstieg wird auf 1400 m noch einmal über eine Felsnase das Tal gewechselt. Wieder ist ein Bach in seinem steil eingegrabenen Bachbett zu überqueren, an dessen rechtem Ufer, also linker Hand, nach einigen Metern Aufstieg die Stufen wiedergefunden werden müssen. Man folgt dem Bach, an dessen Ufer ein Wäldchen von zwei bis drei Meter hohen, von März bis Mai weiß blühenden *Erikabäumen* (Erica arborea) wachsen, unter denen der Ginster ein Dickicht bildet. Auffällig ist ein Granitfelsen, der wie ein Backenzahn am anderen Ufer herausragt.

In 1500 m Höhe ist wieder eine vorspringende *Felsnase* erreicht, deren Gras von Ziegen und Schafen kurzgefressen ist, ein idealer Platz zum Lagern. Man erblickt endlich auch im Osten den *Pico Ruivo*, den höchsten Berg Madeiras, erkennbar an der kleinen Einzäunung auf seiner Aussichtsplattform. Ebenfalls ist im Osten der imposante *Höhenweg* zum *Pico do Arieiro* in den schroffen, rötlich schimmernden Felsen mit grünem Bewuchs auszumachen.

Indem man dieser »Wiese« einfach weiter aufwärts folgt, wird 10 m höher, nach mehr als 4 Std. (270 Min.) anstrengendem

Aufstieg, der breit angelegte *Höhenweg* vom *Pico Ruivo* zum *Encumeada-Paß* erreicht. Die Schäfer rechnen für dieselbe Strecke von Fajã dos Cardos aus für sich nur mit 2 Std. Aufstieg. Ob sie untertreiben?

Nach links führt der Weg zum *Encumeada-Paß* und zu verschiedenen Abstiegen nach *Curral das Freiras* (Tour 12 und Abstiege 7.1 und 7.2). Wir gehen nach rechts in Richtung des *Pico Ruivo* weiter. In einem bequemen 35minütigen Anstieg (305 Min.) kommen wir zu einem Wegweiser, der uns nach rechts zur höchsten Bergspitze weist. Noch 10 Min. trennen uns von unserem Endpunkt (315 Min.), der uns bei schönem Wetter mit einem herrlichen Rundblick über die ganze Insel belohnen wird. Besonders im Abendlicht erhält der *Pico Ruivo* seinen Farbton, nach dem er seinen Namen trägt: Er wird von einem intensiven Rot überzogen. Von hier aus blicken wir nach Norden auf *Santana* – und auf das Dach der schönen Berghütte vom Pico Ruivo.

Doch was machen wir, wenn die Berghütte am Pico Ruivo vorher nicht zu buchen war und der Wirt die Wanderer abweist? Es bleiben uns entweder die Abstiege nach *Curral das Freiras* im zentralen Madeira (Touren 7.1 bis 7.3), zur *Achada do Teixeira* im Norden, zum *Pico do Arieiro* im Osten (Tour 10) oder zum Encumeada-Paß (Tour 11), oder man läuft denselben Weg zurück. Alle Ziele wird man gewiß erst im Dunkeln erreichen. An den längeren Tagen der Sommermonate mag die Zeit für einen der Abstiege an demselben Tag noch reichen, zumal wenn man bei Morgengrauen von *Curral das Freiras* aus aufgestiegen ist. Bei warmem, trockenem Wetter empfiehlt es sich jedoch, diesen Aufstieg als eine Zwei-Tage-Tour zu planen und Schlafsack und Biwaksack mitzunehmen.

9 Der Kastanienweg

3 Std. — 1095 – 500 – 650 m.

Tourencharakter: *Abstecher zu einem Aussichtspunkt und Abstieg nach Curral das Freiras.*
Wetterabhängigkeit: *Nicht im Regen.*

Abstieg von der Eira do Serrado nach Curral das Freiras

Kurzinfo

Ausgangsort: Der Aussichtspunkt Eira do Serrado.

Endpunkt: Curral das Freiras.

Verkehrsverbindung: Auf der ER 107 von Funchal mit dem Bus Nr. 81 in Richtung Curral das Freiras.

Gehzeiten: Aufstieg von der Haltestelle an der Eira do Serrado bis zur Aussichtsplattform 20 Min. und zurück zum Platz 5 Min.; Abstieg zur Levada 2 Std.; Aufstieg nach Curral das Freiras 30 Min.

Kombinationen: Mit allen Wanderungen, die von und nach Curral das Freiras führen. Über Curral de Baixo Aufstieg zur Boca dos Namorados (Tour 5) und Rückkehr über Corticeiras nach Funchal. Dafür muß man, statt nach Curral aufwärts, zur Brücke über den Fluß Ribeiro do Curral abwärts laufen und gleich nach der Brücke den alten Treppenweg nach links nehmen. Über die Levada bis nach Funchal (Tour 1), die man erreicht, indem man Richtung Fluß absteigt, bis bei 500 m die Levada die Teerstraße kreuzt. Flußaufwärts entlang der Ribeira do Curral beginnt der Aufstieg bis zum Pico Ruivo (Tour 8).

Eira do Serrado (gezackte Tenne) ist bereits in Funchal, dort wo die ER 107 beginnt, ausgeschildert. Nach etwa 1 Std. Busfahrt, wenige Meter vor dem ersten Tunnel, ist die Haltestelle *Eira do Serrado* erreicht. Hier muß man den Busfahrer bitten anzuhalten, denn es ist keine Ortschaft, sondern nur eine Straßenkreuzung. Man folgt dem Schild, das zu dem *»Miradouro«* (»Aussichtspunkt«) weist, nach rechts und erreicht nach 10 Min. einen Platz, an dem häufig Taxen oder Touristenbusse halten. Die kleine Bar dort ist von Tischen, auf denen Strickwaren vom Festland angeboten werden, umgeben. Hier kann man auch sein Auto abstellen.

Von diesem Platz führt ein breiter Fußweg mit bequemen Stufen zu einer *Plattform* hinauf, die sich über den steilen Abhang hinausschwingt: Man blickt in das *Curraltal,* das 400 bis 700 m tiefer liegt. Nach Norden erkennt man den Bau der Straße, die unter dem *Torrinhas-Paß* nach Boaventura führen soll. Wenn man den Blick nach Westen wendet, erkennt man direkt unter sich die engen Serpentinen der neuen Straße, die vom höher gelegenen Ort *Curral das Freiras* (»Pferch der Nonnen«) den Hang abwärts zur *Ribeira do Curral* führt und jenseits des Flusses als Zufahrt für den Bau des Wassertunnels nach *Cãmara de Lobos* benutzt wird. Der Betrachter wird von hier aus die kunstvolle Terrassierung der Berge und die Anlage langer Wege und Treppen zu den einzelstehenden Häusern auf den Bergrücken bewundern. Die Levada, auf der man vom Curraltal aus Funchal erreichen kann (Tour 1), läuft 500 m tiefer direkt im Steilhang, der von der Plattform überragt wird. Deshalb kann man sie von hier aus auch nicht sehen.

Für die Wanderung steigt man wieder von der Plattform auf demselben Weg zu dem touristischen Platz, der 1090 m hoch liegt, ab. Vielleicht findet man den weiterführenden alten Fußweg nicht sofort, weil ein Tisch mit Strickwaren ihn versperrt. Von der Plattform aus gesehen beginnt er linker Hand gleich am Platzanfang – und für die nächsten Stunden wird man die schöne Landschaft fast ganz für sich allein genießen können. Der Weg ist zunächst noch breit und von den Blättern des Kastanienwaldes übersät, die immer mehr die alten, abgerundeten Stufen überdecken. Auch ist das Moos schon lange nicht mehr entfernt worden, so daß selbst bei trockenem Wetter Rutschgefahr besteht.

Nach einem Abstieg von 100 Höhenmetern auf gut erhaltenen Serpentinen führt der Weg über den Tunnel der ER 107, und zwar kurz vor seiner Öffnung. Schon viele Autofahrer haben von der Straße aus mit Bewunderung zurück auf den alten Fußweg geschaut, der im Zickzack den Hang hinunterführt, und die Fußgänger bedauert. Doch diese wissen, warum sie hier laufen: Man kann ständig den Blick auf Curral genießen, Erika wächst am Weg, und fast achtlos tritt man im Herbst auf die vielen Eßkastanien.

Eine kleine Schutthalde, verursacht durch den Straßenbau, wird überquert. Ein kleiner Abstecher führt zu einem Felsvorsprung, der sich gut zum Rasten eignet. Zwischen Gin-

ster und Brombeeren wächst zu jeder Jahreszeit der stark duftende Thymian und Oregon.

Auf 700 m erkennt man auf der gegenüberliegenden Seite die ersten Häuser von *Curral de Baixo* (Tour 6), während auf unserer Seite die ersten Eukalyptusbäume wachsen. Nimmt man aus Versehen die eine oder andere kleine Abzweigung, so endet der Weg nur auf einem der zumeist nicht mehr bebauten Felder, auf denen Obstbäume angepflanzt sind. Es stört daher niemanden, wenn man im Herbst sich einige der Äpfel pflückt, die ohnehin nicht mehr geerntet werden.

Blick von der Eira do Serrado in das Tal vom Curral das Freiras mit der neu gebauten Straße nach Curral de Baixo.

Im Curraltal werden viele Weiden angepflanzt. Unterhalb 680 m trifft man auf die ersten zurückgeschnittenen Bäume mit ihren rötlich schimmernden schlanken Ästen und gleich darauf auf die erste Hütte, vor deren Tür der große Ofen zum Kochen der Ruten steht. Etwas später erreicht man die Straße, auf der man 50 Höhenmeter weiter abwärts die *Levada do Curral e Castelejo* erreichen würde (Tour 2). Zum Abschluß dieser Wanderung steigen wir jedoch auf der neuen Straße, auf der auch der Bus Nr. 81 verkehrt, rechts zum Ort *Curral das Freiras* (650 m) wieder hoch.

Die Hohen Gipfel

6 Std.

Anstieg und Abstiege 1550 und 1862 m.

Tourencharakter: *Bergwanderung mit Auf- und Abstiegen entlang der drei höchsten Gipfel Madeiras, entlang steiler Hänge und durch drei Tunnel.*
Wetterabhängigkeit: *Als Hin- und Rückweg vom Pico do Arieiro bis zum Pico Ruivo bei Schnee und Sturm nicht möglich; der Rundweg über den Pico das Torres erfordert Trittsicherheit und wird darüber hinaus nur bei klarer Sicht empfohlen.*

Höhenweg vom Pico do Arieiro über den Pico das Torres zum Pico Ruivo und zurück zum Pico do Arieiro

Der Höhenweg beginnt am großen Parkplatz mit Picknicktischen vor der *Pousada do Pico do Arieiro.* Zunächst empfiehlt es sich, die von einem rustikalen Geländer eingefaßten Stufen bis zu der Spitze des *Pico do Arieiro* (1818 m) hochzusteigen, der einen freien Blick in die Schluchten, aber auch in alle Himmelsrichtungen gestattet. Von dieser Höhe aus kann man gut das zu erwartende Wetter beurteilen.

Ein Wegweiser gibt die Richtung zum *Pico Ruivo* an. Nach 5 Min. ist für die Kurzausflügler der erste steinerne Picknicktisch erreicht und nach 15 Min. die imponierende Plattform mit Blick auf die Nordküste. In nordwestlicher Richtung ist am gegenüberliegenden Steilhang ein Wanderweg zu entdecken: Es ist der alte Madeiraweg, der um die gezackten Spitzen des *Pico das Torres* herumführt, den wir im Verlauf dieser Wegbeschreibung den erfahrenen Bergwanderern als Rundweg empfehlen. Da er heute nur noch von Schäfern benutzt wird, wird er nicht mehr unterhalten, so daß wir ihn nur bei gutem Wetter und auch nur in einer Richtung vorschlagen wollen. Die Spitzen des *Pico das Torres* verdecken den *Pico Ruivo.*

Wir verlassen die Plattform und erklimmen auf gut gesicherten Treppen die näch-

Route siehe Kartenskizze auf Seite 31

Kurzinfo

Ausgangs- und Endpunkt: Pico do Arieiro.

Gehzeiten: Hinweg: Pico do Arieiro bis zur 1. Plattform 15 Min.; bis zum Katzentunnel 40 Min.; Weg entlang des Pico das Torres 2 Std; Aufstieg zur Spitze vom Pico Ruivo 55 Min.

Rückweg: Abstieg bis zum 1. Tunnel 25 Min.; Erreichen des Katzentunnels 45 Min.; Aufstieg bis zum Pico do Arieiro 65 Min.

Kombination: Abstieg weiter nach Funchal entlang der Levada da Negra (Tour 4).

ste Felsnase, gehen am dritten Aussichtspunkt und auch an einem kleinen Platz mit Tisch und Bank aus Stein vorbei und kommen nach 25 Min. und nach bereits nicht mehr zählbaren Stufen zu einem schmalen Kamm. Linker Hand sind von den Schäfern Erdstufen angelegt. Es ist der Beginn eines alten Abstiegs nach *Curral das Freiras* (s. Abb. Seite 42).

Wir gehen auf dem sicheren Hauptweg weiter, durch ein natürliches Felsentor, bis zu einem Schild »Pico do Gato« (Katzenberg). Unter diesem Berg führt der erste *Tunnel* von etwa 100 m Länge hindurch und endet vor einer kurzen, aber sehr steilen Treppe, die zu einem kleinen Platz hinunterführt. Rechter Hand ein auffälliges *Ziegengatter* (1650 m). Hier trennen sich die Wege: Unser Vorschlag eines Rundwegs beginnt nach rechts. Auf dem Rückweg kommen wir hier wieder mit dem Höhenweg auf der Westseite an. Normalerweise wird von den Besuchern nur der Hin- und Rückweg entlang der Westseite unternommen. Hier gab es 1996 einen Erdrutsch. Für einige Zeit war deshalb nur der Weg über den Torres möglich.

Wir gehen also durch dieses Gatter, verschließen es wieder und wenden uns nach links. Wir befinden uns jetzt auf dem markanten alten Madeiraweg, den man bereits von der Aussichtsplattform aus hat sehen können. Er führt stetig bergauf. In den höheren Abschnitten findet man wieder die charakteristischen alten Stufen. Diese können manchmal durch einen kleinen Erdrutsch auf den ersten Blick nicht mehr auffindbar sein. Nach 50 Min. erreichen wir am Fuß der »Türme« den Paß (1800 m), wo man auf den kleinen Flächen zwischen den Felsblöcken gut rasten und die weite Aussicht auf die Nordküste und auf die Berge im Osten genießen kann.

Der Abstieg, für den wir noch einmal 50 Min. brauchen, ist etwas schwieriger: Kleine Wasserfälle plätschern in Rinnsalen auf den Weg, die im Winter auf dieser kühlen, schattigen Nordseite sogar Eisflächen auf dem Pfad entstehen lassen. An einem Hang mit weicherem Untergrund sind die Serpentinen weggebrochen, so daß man behutsam gehen und die Anschlußstellen an den Abbruchkanten immer wieder suchen muß, bis der Weg zwischen Felsen noch einmal recht steil, aber deutlich erkennbar, abwärts führt. Danach hat der Weg wieder seine bequeme Breite. Nach rechts fallen die Hänge weit in das Tal der *Ribeira Seca* ab, durchfurcht von vielen Ziegenwegen. Links erhebt sich der Gebirgskamm, an dessen steiler Westseite wir gegen Abend den Rückweg unternehmen werden.

Wir treffen links im Felsen auf den neu erbauten Höhenweg, und zwar am Ende seines letzten Tunnels, der von einem Ziegengatter verschlossen wird. Ein kleines Schild weist uns geradeaus die weitere Richtung zum *Pico Ruivo.* Man erkennt deutlich, daß dieser Anstieg zum höchsten Gipfel Madeiras früher die Fortsetzung unseres alten Weges entlang des *Pico das Torres* gewesen ist. Zunächst geht er an einer Felsenwand mit kleinen Höhlen vorbei, wobei der Weg wieder gut gesichert ist. Dann braucht man aber noch einige Kondition für den weiteren Aufstieg (45 Min.). Zwischen Besenginster und knorrigen Erikastämmen wird wieder ein *Ziegengatter* erreicht, das den Eintritt in das schaf- und ziegenfreie Gebiet um den höchsten Gipfel der Insel gewährt.

Der Weg, der von rechts zu dem unsrigen stößt, ist der schnellste und bequemste Abstieg vom *Pico Ruivo*: In 45 Min. kommt man auf ihm zur *Achada do Teixeira*. Vom Rasthaus ist die höchste Bergspitze der Insel in 10 Min. erklommen.

Blick von der ersten Aussichtsplattform auf den Wanderweg zum Pico das Torres.

Doch wenn wir auf der Südwestseite des *Höhenwegs* den Sonnenuntergang erleben und nicht erst bei Dunkelheit zu der *Pousada do Pico do Arieiro* zurückkehren wollen, können wir uns hier oben nicht lange aufhalten. Der erste Teil des Rückweges ist identisch mit dem Hinweg. Wir verlassen das Gelände um die Berghütte durch das *Ziegengatter*, und leichten Schritts werden die Serpentinen genommen, die den Anstieg vorher so anstrengend machten. Nach 20 Min. steht man schon wieder vor dem Eingang des kurzen Tunnels mit Gatter, durch den man jetzt hindurchgehen muß. Man kommt auf der Westseite heraus und steht vor der schönsten Felsenwand auf dieser Wanderung: Das rötliche Gestein, strukturiert durch senkrechte Basaltriffe, nimmt im schrägen Licht der untergehenden Sonne ein tiefes Rot an, umrahmt von dem auch abends noch blauen Himmel. Die Wände sind mit den Rosetten des endemischen Drüsen-Äoniums (eine Hauswurzart) und von bunten Flechten bewachsen.

Man hat einen weiteren Abstieg bis auf 1600 m vor sich und läuft noch durch den mit 200 m längsten Tunnel. Dieser führt unter dem Massiv des *Pico das Torres* hindurch. Der größte Teil des Weges ist in die Felswand gehauen, aber zu den jäh abstürzenden Hängen zur Rechten immer durch ein Drahtseil gesichert. Auf einem freien, grasbewachsenen Platz erblickt man oberhalb des Curral-Tals das Massiv des *Pico Grande*. Die reine Gehzeit vom ersten bis zum letzten Tunnel mag mit 30 Min. angegeben werden, aber jeder sollte die doppelte Zeit einplanen, um diesen auch für Madeira einmaligen Weg zu genießen.

Ab dem *Katzentunnel* ist uns der Weg bekannt, aber erst jetzt wird man merken, wie viele Stufen hier in die Felsen hineingebaut wurden. Vielleicht ist es jetzt sogar angenehm, daß die Sonne untergegangen ist, denn in der Kühle des Abends kann der steile, lange Anstieg bis zum *Pico do Arieiro* angenehmer sein als in der Mittagswärme. Mindestens 15 Min. mehr als für den Abstieg auf dem Hinweg sollte man rechnen. Im letzten Licht, das womöglich von der Wolkenschicht über dem Meer noch reflektiert wird, sollte man nicht versäumen, nach Norden zu schauen: Gerade in den Abendstunden wird man unter sich Flugzeuge im Anflug auf Madeira entdecken, die erst kurz vor der Küste in die Wolkendecke eintauchen und unhörbar verschwinden.

Auf dem Platz vor der *Pousada do Pico do Arieiro* angekommen, muß man damit rechnen, daß nach dieser Anstrengung der nahezu ständig wehende Wind eine gefährliche, zu rasche Abkühlung bringen kann. Eine *Poncha* in der Bar belebt die Kräfte wieder. Es ist ein Spezialgemisch aus Rum, Honig und Zitronensaft.

Der Höhenweg von Osten nach Westen

5,5 Std. | 1000 bzw. 1800 m. | 16 km.

Tourencharakter: *Bergwanderung mit mehreren Auf- und Abstiegen, teilweise auf steilen Treppenwegen.*
Wetterabhängigkeit: *Nachmittags ist meistens mit Wolkenbildung zu rechnen.*

Bergweg vom Pico Ruivo de Santana zum Encumeada-Paß

Kurzinfo

Ausgangspunkt: Das Rasthaus am Pico Ruivo de Santana, das nur zu Fuß zu erreichen ist. Vgl. dazu die Touren 8 und 10.

Endpunkt: Boca da Encumeada (Encumeada-Paß), an der ER 228, im Westen von Madeira.

Gehzeiten: Vom Rasthaus am Pico Ruivo bis zu der ersten erkennbaren Weggabelung nach Curral das Freiras 1 Std. 40 Min.; weiterer Weg bis zum Torrinhas-Paß 20 Min.; bis zu der nächsten Weggabelung und Abstiegsmöglichkeit zum Pico Grande 2 Std.; Erreichen eines Erdwegs am Encumeada-Paß 1 Std. 20 Min.; Weg bis zur Bar und Bushaltestelle auf dem Paß 10 Min.

Vom Rasthaus am *Pico Ruivo* brechen wir nach Westen auf, in Richtung Bergspitze. Nach wenigen Minuten gabelt sich der Weg. Nach links steigt er zur Spitze an. Wir aber verfolgen ihn geradeaus weiter. Ein *Wegweiser* auf dem schmalen Sattel, der mit »Encumeada 16 km« ausgeschildert ist, zeigt nach links abwärts. Diesem Weg werden wir für die nächsten 5 Std. immer nach Westen folgen. Nach 15 Min. und einem Abstieg von 100 m stoßen wir auf einen Zaun mit Ziegengatter. Ein fantastischer Blick öffnet sich in das *Tal von Curral,* wo bei klarer Sicht die wenigen Häuser von *Fajã dos Cardos* zu erkennen sind. Ein Blick zurück: Wir sehen oberhalb von uns den pyramidenförmigen *Pico Ruivo* mit dem Holzzaun, der die Aussichtsplattform und die Madonna-Statue umschließt.

Durch die starken Nordostpassate, denen Madeira ausgesetzt ist, kann man an dieser Stelle – vor allem morgens – häufig eine imposante Wetterscheide beobachten: Die Winde mögen um die Spitze des *Pico Ruivo* toben und die Wolkenfetzen wie Wasserfälle in das tiefliegende Curraltal treiben, wo sie sich in der aufsteigenden Wärme wieder auflösen, während auf unserem Weg hier an der Südseite des Kammes die Sonne scheint.

Nach 40 Min. erreichen wir auf 1560 m Höhe, oberhalb eines nach Süden sanft abfallenden, von Gras bewachsenen Bergrückens, einen idealen Lagerplatz. Auf seinem östlichen Abhang wächst ein kleiner Wald von Erikabüschen: An ihm entlang führt unser »wilder Aufstieg zum Roten Gipfel« (Tour 8). Unser Höhenweg, dem wir weiter folgen, verläuft an dieser Stelle in einer Art Haarnadelkurve, deren Verlängerung eine grasbewachsene Felsnase ist. Hinter einem Mäuerchen ragt ein auffallender Felszahn auf, der sich vor der dunklen Kuppel des *Pico Grande* abhebt.

Wir gehen – immer mit Blick auf das Tal von *Curral* zu unserer Linken – weiter, vorbei an kleinen Quellen, deren Wasser über den Weg plätschert. Für die nächsten 3 Std. wird es das letzte Trinkwasser sein! Nach weiteren 15 Min. gemütlichen Wanderns auf fast ebenem Weg wird eine weitere Ziegenpforte (1500 m) erreicht. Nach insgesamt 1 Std. gewähren die zurücktretenden Büsche einen kurzen Blick nach Westen auf die Hochebene Paúl da Serra. Dort, wo der Weg kurz auf die Nordseite des Kammes wechselt, sieht man auf das Meer und die Straße, die von Lapinhas zur Nordküste führt und noch zur großen Querverbindung Boaventura – Curral das Freiras ausgebaut werden soll.

Nach 1 Std. 40 Min. wird die erste auffällige *Weggabelung* erreicht, in deren Mitte ein dunkler Stein mit Pfeilen nach oben bzw. unten und manchmal auch mit dem Hinweis »Curral« liegt. Hier haben wir die erste und schnellste Möglichkeit, um entlang des *Lombo Grande* nach *Curral das Freiras* abzusteigen (Tour 7.1). Wir folgen aber dem Pfeil nach rechts oben, kommen an einem kleinen zum Picknicken geeigneten Platz vorbei und treten anschließend auf

Verpflegung: Bar am Encumeada-Paß. Drei Quellen entlang der Wanderung.

Kombinationen: Alle Abstiege, die nach Curral das Freiras führen (Touren 7.1 bis 7.3). Levada-Wanderung vom Encumeada-Paß aus. Aufstieg zu der Hochebene von Paúl da Serra (Tour 19). Frühaufstehern sei der folgende Rundweg empfohlen: Aufstieg auf den Treppen zum Höhenweg vom Encumeada-Paß (Tour 11), Abstieg über den Pico Grande bis zu der Boca do Cerro (Tour 7.3) und Rückkehr oberhalb des Serra-da-Água-Tals zum Encumeada-Paß (Tour 6).

die Nordseite hinaus. Vor uns liegen die ersten 15 ausgesprochen steilen Stufen, die nach Passieren eines offenen Gatters abwärts führen. Wie auch viele der weiteren Treppen, die wir auf der Nordseite hinab- und hinaufsteigen müssen, sind diese nur wenig gesichert und bei Nässe rutschig.

Auf der Nordseite fällt der Blick auf einen alten Weg: Er verband den *Pico das Eirinhas* über den *Pico Canário* mit dem Ort *São Jorge* und wird jetzt nicht mehr benutzt. Bei einer Weggabelung, immer noch auf der Nordseite, nimmt man den Weg nach rechts unten. Geradeaus würde er auf einer schönen Terrasse neben einigen Felshöhlen – ein guter Lagerplatz – vor zerstörten Treppen enden.

Unser Weg bleibt weiterhin am Nordhang, und es ist ein Vergnügen, die vielen Treppen, die entlang dicht bewaldeter Felswände führen und weniger gefährlich als die ersten sind, abwärts zu steigen.

Der *Torrinhas-Paß* (1440 m) wird nach 2 Std. erreicht. Endlich bietet sich dem Wanderer auch wieder die wärmere Südseite mit einem schönen Flecken zum Ausruhen an. Hier stehen tatsächlich *Verkehrsschilder,* die für diesen kleinen Paß viel zu groß erscheinen. Sie sind kaum noch zu entziffern: Ein Schild weist mit seiner Spitze nach unten auf den Weg, der hier von Süden, von *Curral das Freiras,* hochkommt. Hier bietet sich die zweite Möglichkeit, nach Curral abzusteigen (Tour 7.2). Die Richtung, aus der wir kommen, wird mit »Pico Ruivo« angezeigt, nach Norden ist vielleicht noch »Boaventura« zu lesen. (Der *Abstieg* nach *Norden* ist bis auf eine Höhe von 870 m ein von Moosen und Farnen grün bewachsener Weg, der teilweise durch dichten Lorbeerwald führt. Anschließend ist er nicht mehr auffindbar.)

Von Baumheide umrankte Stufen auf dem Höhenweg vom Pico Ruivo zum Encumeada-Paß.

Das Schild, dem wir folgen, weist uns den Weg über den *Pico do Jorge* zum Encumeada-Paß, immer weiter in Richtung Westen. Die nächsten Treppen sind anstrengend. Durch ein Tor und eine dekorative Felsspalte kommen wir auf 1500 m an die Nordseite zurück. Wer zählt die vielen Stufen, auf denen man in diesen nächsten 30 Min. bis auf 1650 m hochsteigt? In Felsen gehauene Höhlen gewähren bei schlechtem Wetter Schutz.

Nach diesem kontinuierlichen Treppensteigen, dem anstrengendsten Anstieg auf dieser Tour, haben wir den *Pico do Jorge* (1691 m) passiert und können uns nun auf den folgenden, leichten Abstieg freuen.

Eine Stunde nach Verlassen des *Torrinhas-Passes* ist auf der Nordseite wieder eine *Quelle* mit Trinkwasser zu entdecken. Sie ist linker Hand im Felsen unter dichtem Gebüsch versteckt und vor allem in den Sommermonaten eine wirkliche Erfrischung nach den vielen Stufen. 50 Schritte danach sind dann rechter Hand – noch auf der Nordseite – Lagerplätze mit Feuerstellen. Hier verläßt man die Nordseite über einen kleinen Kamm und steht vor der dritten

Weggabelung des Höhenwegs: Nach links abwärts beginnt der alte Madeiraweg über den *Pico Grande* nach *Curral* und *Jardim da Serra* (Tour 7.3), der nur ausgesprochen trittsicheren Wanderern empfohlen werden kann.

Wir wenden uns an dieser Weggabelung nach rechts, in Richtung Westen. Häufig werden hier in den frühen Nachmittagsstunden Nebelschwaden von Norden über den Kamm gedrückt, so daß die nächsten spektakulären Ausblicke nicht mehr erlebt werden können. Doch mag es beruhigen, daß dieser Weg auch im Nebel nicht zu verfehlen ist.

Nach 4 Std. wird wieder eine Pforte und ein auffälliger Felsen mit einem Hohlraum – zum »Hindurchschauen« – passiert. Der Weg erhält einen neuen Charakter. Man steigt entlang hoher, kahler *Basaltfelsen*, die den Weg nach rechts begrenzen, langsam abwärts und verläßt endgültig die Nordseite. Hohe Lorbeerbäume mit ausladenden schwarzen Stämmen auf der linken, zum Tal von *Serra de Água* offenen Seite, erinnern an die ursprüngliche Vegetation der Insel. Wieder wird ein Tor passiert, eine lange Felsentreppe führt auf einen *Felsrücken*, den man schon lange von oben hat sehen können. Gäbe es hier Wasser, wäre es ein wunderschöner Lagerplatz.

Der weitere Abstieg von 300 m erfolgt fast nur auf kunstvoll angelegten *Treppen*, die den Anschein erwecken, über den Abhängen zu schweben. An manchen Stellen wirken sie wie breite Wendeltreppen ohne Geländer. Wer Angst vor Schwindelgefühlen hat, kann gut an der Innenseite hinuntergehen. Auf einem Platz nördlich des Encumeada-Passes endet unser Wanderweg. Geradeaus findet man eine *Erdstraße*, die weiter bis zur Teerstraße führt.

Lorbeer, Moose, Farne und Flechten

3,5 Std. 840 – 600 m. 11 km.

Tourencharakter: *Levadawanderung im Nordosten, die Trittsicherheit verlangt.*
Wetterabhängigkeit: *Schattiger Weg für die Sommerzeit. Auch bei Regen und Nebel noch reizvoll.*

Entlang der Levada da Portela von Ribeiro Frio nach Portela

Man beginnt die Wanderung in *Ribeiro Frio*, etwas unterhalb der Forellenzuchtstation an der Straße 103 von *Funchal* nach *Faial*, und zwar bei dem großen gelben Schild mit blauer Schrift »Portela 8 km«. Nach etwas mehr als 3 km und 60 Min. ist die *Levadakreuzung* erreicht. Auf diesem Weg nehmen wir nicht die kleine Treppe nach rechts oben, entlang der kleinen Levada, sondern folgen dem breiten Levadaweg auf gleicher Höhe über die alte *Brücke*.

Nach weiteren 10 Min. verläßt der Weg die Levadamauer zum ersten Mal und wird unterhalb eines Wasserfalls entlanggeführt. In dem Bach, den man dabei überquert, hat das Wasser kleine Becken gebildet, in denen man baden kann. Die Aufschrift an der Levadamauer »4 km« zeigt an, daß die Hälfte des Weges bis zum Wasserhaus zurückgelegt worden ist. Immer, wenn der dichte Lorbeerwald sich etwas öffnet, bietet sich ein eindrucksvoller Blick auf die Nordküste bei *Faial* mit dem dominierenden *Adlerfelsen.*

Wenn man bei der Inschrift »5 km« angelangt ist, hat man an drei weiteren Stellen die Levada unterhalb von Wasserfällen auf ziemlich rutschigem Boden umgangen. Die Wasserfälle prasseln direkt in den schmalen Kanal, so daß der Weg neben oder auf der Mauer nicht mehr begehbar ist.

Kurzinfo

Ausgangsort: Ribeiro Frio.

Endpunkt: Portela.

Gehzeiten: 1 Std. bis zu der »Levadakreuzung«; bis zum Wasserhaus von Lamaceiros 1 Std. 45 Min.; Abstieg bis Portela 45 Min.

Kombinationen:
Spaziergänge und Rundwege bei der Forellenstation in Ribeiro Frio.
Zu den Ortschaften an den Südhängen (Tour 3). Abstiege nach Porto da Cruz (Tour 13) und in das Tal der Ribeira Seca von Machico (Tour 14). Vom Pico do Suna 7 km bis Poiso oder 7 km Abstieg direkt bis zum Adlerfelsen: der alte Verkehrsweg von N nach S ist teilweise zugewachsen.

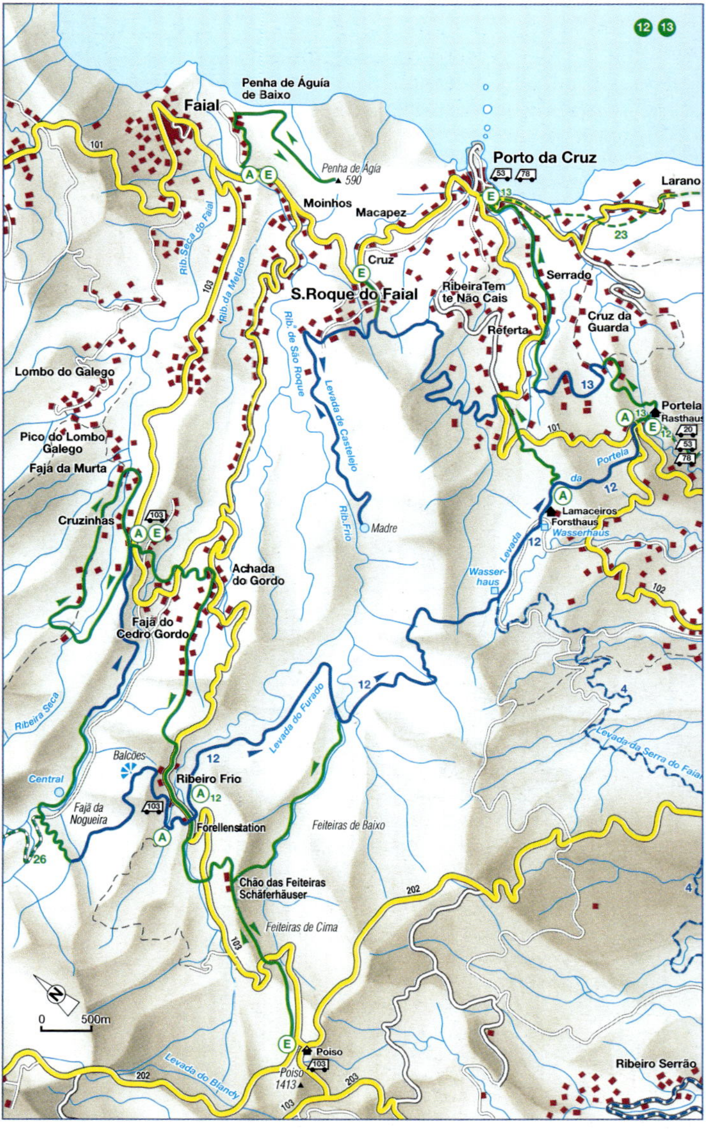

Faial
Penha de Águia de Baixo
Penha de Ágia 590
Porto da Cruz
Larano
Moinhos
Macapez
Cruz
S.Roque do Faial
Ribeira Tem te Não Cais
Serrado
Referta
Cruz da Guarda
Portela
Rasthaus
Lombo do Galego
Pico do Lombo Galego
Faja da Murta
Cruzinhas
Achada do Gordo
Fajã do Cedro Gordo
Lamaceiros Forsthaus
Wasserhaus
Levada da Portela
Levada de Castelejo
Madre
Rib.ª de São Roque
Rib. Frio
Rib. Seca do Faial
Rib. da Metade
Ribeira Seca
Levada do Furado
Levada da Serra do Faial
Balcões
Central
Ribeiro Frio
Fajã da Nogueira
Forellenstation
Feiteiras de Baixo
Chão das Feiteiras Schäferhäuser
Feiteiras de Cima
Poiso
Poiso 1413
Levada do Blandy
Ribeiro Serrão
0 500m

Bei dem Zeichen »6 km« wird die Levada noch einmal wegen eines mächtigen Wasserfalls umgangen. Es folgt ein markanter Felsvorsprung, um den die Levada in einer Haarnadelkurve herumgeführt wird. Hier kann man auf einem kleinen, meistens trockenen Vorsprung gut rasten. Die Hänge werden erheblich steiler, so daß jetzt die Partie beginnt, nach der diese Levada vermutlich ihren Namen trägt, der in einer der Übersetzungen »in den Felsen gehauen« lautet: Man folgt der Levada durch fensterartige Felsdurchbrüche, wobei einzelne Platten als Tritte über der Levada liegen.

Zwischen den Schildern »7 km« und »8 km« durchschreitet man einen auffälligen Felsdurchbruch. Direkt danach geht links ein Pfad ab. Dieser führt in 30 Min. zum *Pico do Suna* (1028 m) hoch, ein lohnender Abstecher von 1 Std. hin und zurück. Dabei überquert man beim Cabeco Furado die Levada nach Süden. Zurück zur Levada: Sie verläuft in der fast senkrechten Wand unterhalb des Pico. Zum Glück ist sie durch Geländer gesichert. An dieser Stelle können Schwindelanfällige Probleme bekommen.

Nach 2,5 Std. ist schließlich das »8 km«-Schild erreicht. 5 Min. später öffnet sich der Weg zu einer kleinen Grasfläche, an deren Ende das *Wasserhaus von Lamaceiros* mit seiner auffälligen roten Tür dem Wanderer entgegenleuchtet. Der Grasplatz vor dem Haus ist eben, Lilien sind angepflanzt; ein idealer Platz zum Campieren. Man wundert sich, warum vor dem Haus das Wasser durch die Schleusen den steilen Hang nach Norden herabstürzt, wo es doch vorher in unserer Levada so sorgfältig von Flußbett zu Flußbett geführt worden war! Das gehört zum Prinzip der Verteilung, denn in dem extrem abschüssigen Tal des *Ribeiro Frio* wäre das Wasser nicht weiter

Verpflegung: Victor's Bar an der Forellenstation. Frische Forellen, geöffnet bis 19 Uhr, Tel. 57 58 98. Restaurant »Refúgio do Vale« im Ort Ribeiro Frio, Tel. 78 28 52, bis 22 Uhr tägl. geöffnet. 10 km weiter in Richtung Faial: Restaurant beim Hotel »Rural Sanroque« in São Roque do Faial. Restaurante Casa de Chá do Faial, tägl. geöffnet von 9 bis 19 Uhr, Regionale Küche und Forellen, Tel. 57 22 23. Ausgeschildert auf der ER 103 an der Bushaltestelle bei Lombo de Baixo. In Portela: Restaurante Casa da Portela, abends geschlossen, Tel. 96 61 69.

Die Levada do Furado, in »den Felsen gehauen«, von Ribeiro Frio nach Portela.

verwendbar gewesen, so daß ihm erst hier sein (regulierbarer) Lauf gelassen wird, um eine »Etage tiefer« in einer Levada aufgefangen zu werden.

Man geht auf das Wasserhaus zu, an ihm vorbei und einige Schritte abwärts. Hier ist eine Wegkreuzung: Rechts beginnt der 27 km lange Weg entlang der ehemaligen *Levada da Serra* in Richtung *Santo da Serra, Camacha* bis *Funchal* (Tour 3). Das nächste *Wasserhaus* an der *Levada da Serra* würde man in nur 30 Min. erreichen, von wo man 2 km zur ER 102 absteigen kann, um mit dem Bus nach Funchal zu fahren.

Wir nehmen jedoch an dieser Kreuzung den Weg nach links, der nach *Portela* ausgeschildert ist. Da der Weg nur abwärts führt, sind die 200 Höhenmeter und die 3 km rasch zurückgelegt, zumal die Vorstellung reizt, daß man im *Rasthaus von Portela* eine sehr gute Tomatensuppe und eine der besten *Espetadas* (Fleischspieß) vor dem offenen Kamin essen kann. Zunächst läuft man auf Treppchen entlang einer schnell fließenden, kleinen Levada abwärts. Beim *Forsthaus Lamaceiros* wird die Gegenrichtung, also die, aus der wir kommen, mit »Ribeiro Frio« angezeigt. Dann folgt man für eine kurze Strecke einem Fahrweg durch einen angepflanzten Kiefernwald und geht an einem neuen Picknickplatz zur Rechten vorbei.

15 Min. nach Beginn unseres Abstiegs weist uns ein *Schild* an der Straße mit der Aufschrift »Portela« nach links. Das ist unser weiterer Abstieg. Man verläßt den Fahrweg mit der kleinen Straßenlevada und folgt einem richtigen Feldweg. Zum ersten Mal auf dieser Wanderung erreicht man wieder landwirtschaftlich genutzte Flächen: Schafe und Ziegen weiden auf einer eingezäunten Wiese.

Bei einem flachen, viereckigen *kleinen Wasserhaus* kreuzen sich zwei Feldwege: Links ist der sehr abschüssige Pfad nach »Referta« ausgeschildert, auf dem die *Levada do Castelejo* (Tour 21) im Tal von *Porto da Cruz* erreicht wird. Jetzt entscheiden wir uns für den Weg nach rechts. Diesem folgt auch die kleine Levada. Der Zaun der oberen Wiese endet kurz darauf, aber die Levada bleibt an unserer rechten Seite.

Nach 35 Min. Abstieg wird ein verfallenes *Levandeiro-Haus* auf der rechten Seite passiert. Vor ihm geht eine Treppe aus Baumwurzeln bergab. Die daneben abwärts sprudelnde Levada trägt dazu bei, daß dieser steile Weg extrem rutschig ist. Diese Levada gehört zu dem System der *Levada da Portela,* das das Wasser von unserer vorherigen *Levada do Furado* mit auf die Hänge im Nordosten verteilt. Zwischen Lilien und Hortensien erreicht der Weg nach 45 Min. die Teerstraße 102, wo ein Schild wieder die Richtung, aus der wir kommen, mit »Ribeiro Frio« anzeigt. Vorbei an einem großen, betonierten *Wasserbecken* sind es dann nur noch 100 Schritte bis zu dem *Restaurant von Portela.* Auf der kleinen Aussichtsterrasse trifft man auf Bustouristen und die überall gleichen Souvenirstände. Mit einem guten Essen kann man hier die Wanderung beenden oder auch nur unterbrechen.

13 Auf den Spuren der Borracheiros

2,5 Std. 600 auf 0 m.

Tourencharakter: *Leichter Abstieg durch Terrassen an der Nordküste. Nach Regenfällen rutschig.*

Wetterabhängigkeit: *Bei jedem Wetter möglich.*

Abstieg von Portela nach Porto da Cruz

Kurzinfo

Ausgangspunkt: Portela im Nordosten.

Endpunkt: Porto da Cruz an der Nordküste.

Gehzeiten: Alter Weg von Portela bis zur Levada Nova 40 Min.; entlang der Levada 25 Min.; Abstieg bis oberhalb von Porto da Cruz 40 Min.; Abstieg bis zur Kirche 10 Min.

Neben dem Restaurant »Casa da Portela« in *Portela* führt noch ein letztes Ende der geteerten Straße 102 direkt an dem Haus vorbei und wird dann zu einer Erdstraße, die auf gleicher Höhe bleibt. Ihr folgen wir mit Blick auf den *Adlerfelsen* und *Porto da Cruz* zu unseren Füßen. Nach wenigen Minuten weist rechts ein Schild nach »Fonte Vermelha, Maroços, Machico«, also in die Richtung der *Ribeira de Machico* (Tour 14). »Portela« ist angezeigt für die Richtung, aus der wir kommen. Wir wählen aber den Weg gegenüber, also nach links abwärts, von dessen Schild »Cruz da Guarda« seit 1993 nur noch der Pfosten steht. Wir befinden uns hier auf einer der wichtigen Kreuzungen des alten Kreisweges.

Mit Blick auf die Nordküste geht es durch einen sehr schönen Hohlweg abwärts. Die Stufen sind bequem begehbar, an ihren Rundungen ist erkennbar, daß sie auch für den Transport mit Schlitten gedacht waren. Vereinzelte Lorbeerbäume überdachen ihn und spenden an heißen Tagen Schatten. Nach 35 Min. befinden wir uns nur noch 300 m hoch. Nach dem Passieren eines Wasserbeckens beginnen, wie überall, wo die Bewässerung einsetzt, wieder landwirtschaftlich bebaute Flächen.

Der Weg, dessen letztes Stück beleuchtet ist, endet nach 40 Min. mit einigen Stufen zwischen den Häusern von *Cruz da Guarda* an einer geteerten Straße. Hier muß man ei-

nen Augenblick aufpassen, um die Fortsetzung entlang der *Levada Nova* nicht zu verpassen: Man geht auf der Teerstraße 10 Schritte nach rechts abwärts, dann biegt man scharf nach links in eine weitere Teerstraße ein, geht an einer kleinen Levada vorbei, die man nicht beachtet, da sie kurz danach endet, und hat nach weiteren 10 Schritten linker Hand zwischen den Häusern die gesuchte Levada. Man biegt von der Straße nach links ab und, entgegen der Fließrichtung gehend, läßt man schnell den üblichen Dreck, der sich in der Nähe von

Brunnen mit Kachelbild in Porto da Cruz.

Häusern ansammelt, hinter sich. Die Levada führt, mit Blick auf eine *Kapelle* mit doppeltem Glockenturm, durch Anpflanzungen von Kohl, Bananen und Obst nach Westen.

An einer Straßenbrücke, wo die Levada kurz verschwindet, überqueren wir sie auf einem Trampelpfad nach links oben, passieren dabei ein Trafohäuschen und gehen auf einem Pfad wieder zu ihr hinunter. Unser Levadaweg scheint unserem Orientierungssinn zu widersprechen, denn er führt uns von unserem Ziel, dem Ort *Porto da Cruz,* der nördlich von uns liegt, immer weiter weg. Doch auch die *Borracheiros* sollen ihn als Verbindung benutzt haben; die Levada führt einen nur auf bequeme Weise zum nächsten vertikal angelegten alten Weg.

Man geht auf der Levada unterhalb des herrschaftlichen Anwesens der Familie *Leal* vorbei, die hier die schönste Quinta der Nordküste errichtete und ihre Güter bereits seit dem 16. Jh. in diesem Tal bearbeiten ließ. Die Kapelle, die für uns zunächst richtungweisend war, gehört zu ihrer Quinta, steht aber versteckt hinter hohen Mauern. Danach nehmen wir nach insgesamt 65 Min. Gehzeit den nächsten Pflasterweg, der die Levada in einer Höhe von 260 m kreuzt. Es ist die Fortsetzung des alten gepflasterten Weges, der nach links oben bei dem Wasserhaus von *Lameceiros* (Tour 12) enden würde. Wir folgen ihm an einem Flußlauf nach rechts unten, wo noch Reste von Zuckerrohranpflanzungen wachsen. Sie erinnern daran, daß die letzte Zuckermühle der Insel in *Porto da Cruz* noch bis vor kurzem in Betrieb war, allerdings nur, um den Zuckerrohrschnaps, den Aguardente, herzustellen.

Dieser alte Weg endet an der nächsten Teerstraße (ER 101) neben einem großen, eingezäunten Schulgebäude. Auf dieser Straße, auf der auch der Bus Funchal – Porto da Cruz verkehrt, gehen wir 200 m nach rechts abwärts. Wir verlassen sie wieder bei einem gepflasterten Weg, der mit einem *Sackgassenschild* gekennzeichnet ist und rechts abgeht. Wie es uns von den alten Wegen vertraut ist, führt er auf einem Bergrücken zwischen den Häusern hindurch, jetzt in Richtung Meer. Zu seinem Beginn ist rechter Hand in Hüfthöhe ein netter alter Aquädukt zu sehen, der aber nicht mehr benutzt wird. Der Weg, von Laternen beleuchtet, steigt durch die Häuser bis zu einer Kuppe leicht an. Linker Hand begrenzt der Adlerfelsen das Tal, vor einem glänzt das blaue Meer, und rechter Hand sieht man auf dem Abhang das Dorf *Larano,* wo auch der letzte Steilhang des Wanderweges von der *Boca do Risco* zu erkennen ist (Tour 14).

An der ersten Weggabelung nach der Kuppe gehen wir den Weg nach links unten. Geradeaus würde man einer Levada folgen, die bis zum Ende des Abhangs oberhalb des Meers fließt, um dort die letzten Felder zu bewässern.

Der letzte Abstieg erfolgt wieder auf einem alten Madeiraweg mit runden Stufen, auf denen die Frauen langsam mit ihren Plastiktüten in der Hand von *Porto da Cruz* aufsteigen. Die schroff zur Linken abfallende, hellgraue Felswand begrenzt den Einschnitt, den sich die *Ribeira do Juncal* zum Meer hin gegraben hat. In nur 45 m Höhe endet dieser alte Fußweg nach insgesamt 2,5 Std. an einem *Wasserbecken* mit hohen Papaya-Bäumen. Für das Gedeihen dieser tropischen Frucht ist es hier an der geschützten Nordküste also noch warm genug. Von rechts mündet die Straße von *Larano* (Tour 14), geradeaus ist die imposante Kirche von Porto da Cruz mit dem weitläufigen Platz nicht zu übersehen. Der »Strand« ist jedoch zum Baden zu steinig.

14 Durch die gefährliche Öffnung

6 Std. 450 – 250 – 350 – 0 m

Tourencharakter: *Weg durch Gärten entlang der Levada do Caniçal, Anstieg zur Küste, schmaler Küstenweg oberhalb des Meeres, der Trittsicherheit verlangt, und Abstieg nach Porto da Cruz.*
Wetterabhängigkeit: *Nur bei im Nordosten klarem Wetter. Im Winter bei Westwinden oft sonnig.*

Durch das Tal von Machico, über die Boca do Risco und entlang der Nordostküste bis Porto da Cruz

Kurzinfo

Ausgangsort: Die Ortschaft Ribeira de Machico unterhalb von Portela.

Es gibt viele Möglichkeiten, im breiten Flußtal der *Ribeira de Machico* zu wandern. Die Levada ist insgesamt 17 km lang und wurde erst 1948 parallel zur *Ribeira de Machico* erbaut. Unser Vorschlag beginnt im Ort *Ribeira de Machico*, der zwischen *Machico* und *Portela* an der ER 108 liegt. Hier verläßt man die große Landstraße oder den

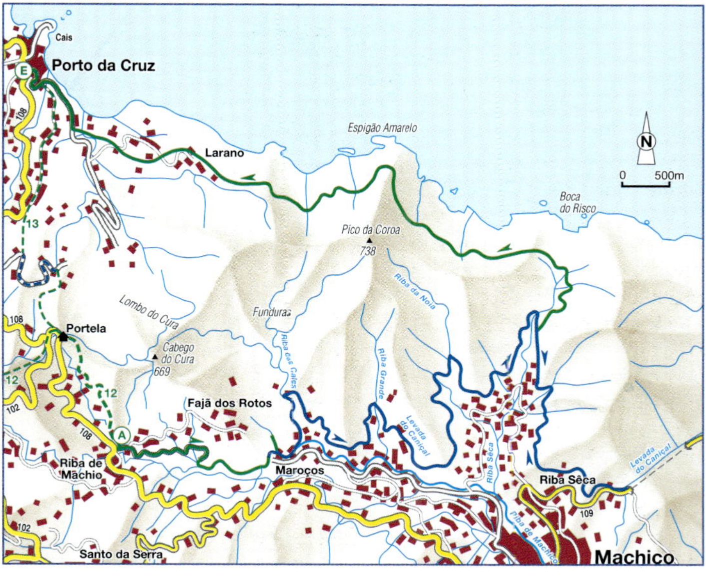

Bus Nr. 53, geht nach rechts in den Ort hinein und nimmt dann die erste Straße nach rechts. 30 Min. folgt man dieser Straße, die leicht ansteigt. Nach einer scharfen Linkskurve verliert der Weg an Breite. Genau in dieser Kurve finden wir rechts einen Weg, den wir einschlagen. Er kreuzt eine winzige Levada, der man nur 20 m in Fließrichtung folgt. Der Weg mündet auf Stufen, die beleuchtet sind und die zum Fluß hinunterführen. Es sind über 1000 Stufen, auf denen man etwa 250 Höhenmeter durch Gärten und an Häusern vorbei absteigt. Sollte man sie nicht finden oder sollte der Straßenbau sich etwas verändert haben, dann mag die Frage: »Onde é a escada para a levada do Machico?« helfen. Auf den Treppen kommt man zwischen den Häusern von Maroços automatisch zur großen *Levada do Caniçal,* die das Wasser hier von ihrer *Madre,* der *Fonte Vermelha,* bis auf die Felder von *Caniçal* an die Ostspitze von Madeira bringt. Diese Quelle und eine alte Mühle findet man 5 Min. levadaaufwärts. Kommt man von Machico, fährt man am besten mit dem Bus 156 bis zur Endstation »Maroços« und steigt nur 100 betonierte Stufen durch den Ort zur Levada hoch.

Wir folgen der Levada in Fließrichtung, also nach Osten. Die Felder werden intensiv bearbeitet. Gänse baden in der Levada, Frauen mit Gummistiefeln unter den langen Röcken tragen Grünfutter entlang des Levadawegs. Nach Osten erblickt man die *Bucht von Machico* mit ihrem häßlichen Hotelhochbau *Dom Pedro.* Die Hänge fallen sanft bis zum Meer ab, so daß es nicht erstaunt, daß die ersten Kolonisten in Machico an Land gingen und zunächst hier siedelten.

Während der nächsten 2 Std. folgen wir den Schleifen der Levada, die, etwa auf der

Endpunkt: Porto da Cruz. Im Tal von Machico sind verschiedene Unterbrechungen möglich.

Verkehrsverbindung: Nach Maroços Bus Nr. 156; in Larano verkehrt Bus Nr. 56, ist aber bislang noch auf keinem Fahrplan verzeichnet.

Gehzeiten: Vom Ort Ribeira de Machico bis zum Stufenweg 30 Min.; Abstieg auf den Stufen bis zur Levada 25 Min.; entlang der Levada do Caniçal bis zur Schleife an der Ribeira Seca 2 Std. 15 Min.; Aufstieg zu der Boca do Risco 25 Min.; Küstenpfad oberhalb des Meeres bis Larano 1 Std. 40 Min.; Abstieg bis zum Ortszentrum von Porto da Cruz 50 Min.

Höhe von 250 m bleibend, das Wasser der vier folgenden Nebenflüsse der Ribeira de Machico aufnehmen. Erst am Ende des vierten Tales beginnt der Aufstieg zur *Boca do Risco*: Bei der *ersten Schleife* in das Tal der *Ribeira das Cales* hat man den Ort *Maroços* hinter sich gelassen. Im folgenden *zweiten Tal (Ribeira Grande)* fallen die Palheiros mit ihren roten Dächern auf. Am Ende dieses Tales durchschreitet man einen kurzen *Tunnel* mit zwei Wasserhäusern. Das dritte Tal (*Ribeira da Noia*), das nach 1,5 Std. erreicht wird, ist enger. An seinen brachliegenden Hängen oberhalb der Levada blühen fast das ganze Jahr die Mimosen. Das vierte Tal wird von der großen *Ribeira Seca* gebildet.

Wenn man uns nicht zum Aufstieg an die Nordküste folgen will, kann man hier entweder zum Ort *Ribeira Seca,* den die Levada »umkreist«, auf einem der Arbeitswege absteigen oder weiter die nächsten 40 Min. entlang der Levada bummeln: An einem *Levandeiro-Häuschen* wie aus dem Bilderbuch, das direkt vor dem *Tunnel* nach *Caniçal* erhalten geblieben ist, trifft sie gegenüber dem Restaurant »O Tunel« auf die Straße 109.

Wir beginnen jedoch in dieser vierten Schleife der großen *Ribeira Seca* mit dem zweiten Teil der Wanderung, der etwas anstrengender als der erste sein wird. In der Haarnadelkurve, nachdem an ihrem Ende die *Ribeira Seca* überquert worden ist, geht ein Trampelpfad steil nach links oben.

Selbst wenn sich der Weg zwischen Ginster, Gras, Kiefern und Disteln etwas verliert, kann man das Ziel nicht verfehlen: Direkt in den Felsen, auf den man langsam aufsteigend zuhält, ist ein auffälliges U-förmiges Loch, die »Boca do Risco«, die »gefährliche Öffnung«, auszumachen. An drei bewirtschafteten und eingezäunten *Palheiros* geht man direkt vorbei, hält sich im Zweifelsfall bei einem der Wege mehr links und erreicht schließlich die Öffnung neben einer großen Höhle, die als Unterstand benutzt wird.

Wir gehen durch die Öffnung und stehen auf dem alten Verkehrsweg oberhalb des Meeres, der früher viel benutzt wurde, um Güter aus dem Tal von *Porto da Cruz* nach *Machico* zu bringen. Auf ihm gehen wir nach Westen weiter. Heute wird er nur noch von einigen Bauern begangen. Kaum vorstellbar erscheint einem die Mühe, noch an diesem Küstenhang kleinste Terrassenfelder und Schafzäune zu errichten! Es muß einer besonderen Not entspringen, die Gefahren, das unwägbare Wetter und den langen Weg für etwas Gemüseanbau in Kauf zu nehmen. Erst seit Beginn der 90er Jahre liegen die meisten Felder brach.

Unser Wanderweg ist nicht gefährlich, sollte aber trotzdem nur von Trittsicheren und Schwindelfreien unternommen werden. Nach Erdrutschen kann er bei den Wasserfällen, die sich vom Küstensaum oberhalb des Wegs ins Meer stürzen, sehr naß und rutschig sein. Da die Stellen jedoch schmal sind, kann bereits eine sichernde Hand dem Ängstlichen helfen. Die schwierigste Stelle ist dank der Alpinschule Innsbruck durch ein Seil gesichert.

Nach jeder kleinen Kurve sieht man neue Felseninseln und Landspitzen entlang der Küste auftauchen. Grasbewachsene Vorsprünge laden zum Rasten ein. Die Wand an der linken Seite ist mit Moosen, Flechten, Farnen und vor allem den Rosetten des Äoniums geschmückt. Der Weg, obwohl schmal und ständig dem Wind ausgesetzt, ist dennoch immer wieder von rötlichen Brombeerhecken gesäumt. Es blühen das

Kombinationen: Mit allen Touren, die in Porto da Cruz enden oder anfangen (z.B. 13). Es besteht die Möglichkeit, in 20 Min. von Portela auf einem alten, grasbewachsenen Fahrweg nach Ribeira de Machico abzusteigen (beginnt direkt hinter dem Restaurant). Mit Tour 13 zusammen läßt sich daher ein Rundweg von insgesamt 8 Std. unternehmen, was nur in zwei Etappen oder von sehr Ausdauernden an langen Sommertagen zu schaffen ist.

Blick vom Küstenweg im Nordosten auf Porto da Cruz vor dem Adlerfelsen.

Beschreikraut, die Glockenblumen, der Löwenzahn und Wegerich. Es duftet nach Zitronen-Thymian und Pfefferminze.

Schließlich befinden wir uns vis-à-vis des *Adlerfelsens*, der am späten Nachmittag im Schatten der schrägen Sonne besonders dunkel aus dem Meer herausragt. Zwischen Farnen und Brombeeren ist eine eingefaßte Trinkwasserquelle zu entdecken. Der Küstenweg gewinnt jetzt den Charakter eines Waldweges und führt durch Eukalyptus und Lorbeer abwärts, wobei das nächste Ziel, der Küstenort *Porto da Cruz*, uns zu Füßen liegt.

Dort, wo die Felder von der Ortschaft *Larano* anfangen, trifft man wieder auf eine Levada. Wir folgen ihr und suchen uns unter den vielen Arbeitswegen einen aus, der nicht zu weit abwärts führt, so daß wir im Ort das Ende der Teerstraße auf 350 m erreichen. Sie hat neben den letzten Häusern von *Larano* einen Wendeplatz. Vom Meer ist dieser Platz von einem mit Kiefern bewachsenen Bergrücken getrennt. Die Straße wurde leider auf den alten Fußweg gelegt, so daß man entweder den langen Kurven der Straße folgen muß oder sich einen neuen Weg durch die Felder sucht, um bis *Porto da Cruz* zu gelangen.

Wir schlagen den folgenden Abstieg vor: Wir steigen vom Wendeplatz der Teerstraße einen deutlich sichtbaren Fußweg zu diesem Bergrücken wieder einige Meter in Richtung auf das Meer hoch. Zu unseren Füßen liegen bebaute Felder, die sich rechter Hand bis zum Küstensaum hinziehen. Wir steigen in Verlängerung dieses bewachsenen Bergrückens, dessen Spitze zum Adlerfelsen und dem Küstenort *Porto da Cruz* zeigt, auf einem ausgewaschenen Lehmweg abwärts. Wieder leistet ein Stock gute Dienste. Dabei hält man auf den nächsten Laternenweg zu, der in einem kleinen Tal abwärts führt. Man überquert einen Bach mit Wasserfall und geht schließlich in Richtung eines geräumig gebauten Hauses mit rotweißem Anstrich, wo der nächste Laternenweg beginnt. Hinter diesem auffallenden Haus befindet man sich – auf dem nächsten Laternenweg weiter abwärtsgehend – im Angesicht eines Berges, in dessen Abhang kleine Ställe hineingebaut sind und der deshalb den Eindruck eines Bunkers erwecken könnte. Ein kunstvoll hochgemauerter Steg auf einem schmalen Bergrücken führt darauf zu. Diesem Weg folgt man, läßt den »Bunkerberg« rechts liegen und stellt zufrieden fest, daß man bald wieder einen alten Madeira-Stufenweg unter den Füßen hat, der zur *Ribeira da Maíata* hinabführt.

Die alte Steinbrücke, die einst über den hier mündenden Fluß erbaut wurde, ist leider zerstört. Normalerweise führt dieser

Fluß nicht viel Wasser, so daß man ihn an einer seichten Stelle auf Trittsteinen oder direkt am Meer überqueren kann. Am gegenüberliegenden Ufer findet man die abgerundeten Stufen wieder, die die wenigen Meter zur Teerstraße durch dichtes Schilf hochführen, und zwar zu einer Stelle, wo an der Straße die Begrenzungsmauer extra für diesen kleinen Abstieg unterbrochen ist.

Wir gehen auf der Teerstraße, die wir oben in Larano verlassen hatten, nach rechts. Zwischen Straße und Meer blickt man plötzlich auf einige Häuser in einem Bananenhain herunter, was man im Uferbereich nicht vermutet hätte. Der folgende Felsdurchbruch, durch den die Straße führt, war notwendig, um die Ortschaften *Larano* und *Maíata* an das Straßennetz anzuschließen. Deshalb kann man hier auch den alten Weg nicht mehr finden. Nach diesem Felsdurchbruch erreichen wir in nur 5 weiteren Min. die *Brücke*, die über die *Ribeira do Juncal* führt. Der steile Treppenweg, der linker Hand vor der Brücke den Berghang herunterkommt, markiert zugleich das Ende von Tour 13. Von der Brücke aus erblickt man auf dem linken Flußufer den Friedhof, auf dem die von schmiedeeisernen Gittern eingefaßten Gräber mit künstlichen bzw. echten Blumen und Fotografien der Verstorbenen geschmückt sind. In dem ruhigen *Porto da Cruz* lohnt es sich, durch die engen Straßen der alten Häuser zu schlendern, die im Schutz des Adlerfelsens an steilen Straßen stehen. Oft hat in der traditionellen Zählweise noch jede Tür, auch wenn sie zu demselben Haus gehört, eine Hausnummer. Brunnen sind mit alten Kachelbildern verziert. Am Meer steht ein verlassenes Herrenhaus, nur von einer Araukarie bewacht. In seinem Garten sind die Ruinen einer alten Zuckerrohrfabrik zu entdecken.

Die vom Meer umtoste Ostspitze

2,5 Std. | 50 – 150 – 0 – 100 – 50 m | 8 km.

Tourencharakter: *Rundweg über Wiesen und kahle Hänge direkt oberhalb des Meeres.*

Wetterabhängigkeit: *Nicht im Nebel und nicht bei starken Nordostwinden. Im Winter bei Westwinden oft sonnig.*

Küstenweg auf der Halbinsel Ponta de São Lourenço

Es ist nicht zu empfehlen, von *Caniçal,* dem letzten Ort im Osten Madeiras, zu Fuß die 5 km auf der recht öden Teerstraße entlangzugehen. Vor allem seit der Einrichtung der *Zona Franca,* womit Madeira versucht, Investoren auf die Insel zu locken, hat man rechter Hand für einige Kilometer eine eingezäunte Gewerbefläche geschaffen. Bis 1989 war auf dieser Gewerbefläche noch die alte Walfangstation zu besichtigen. Als Ferienlektüre sei daher von N. Rauprich »Die sanften Riesen der Meere« empfohlen. Dieser Jugendroman spielt in Caniçal unter Walfängern und schildert das Ende des Walfangs auf Madeira. Ihr gegenüber wurde ein neues Elektrizitätswerk errichtet, auf dem Nordhang scheppern die 1993 eingeweihten Windmühlen.

Kurzinfo

Ausgangs- und Endpunkt: Caniçal bzw. der 5 km entfernte Parkplatz an der Baía da Abra.

Gehzeiten: Vom Parkplatz bis zur Pedra Furada 15 Min.; bis zum Hang oberhalb des Hauses 60 Min.; Abstieg bis zum Kai 10 Min.; Rückweg bis zum Parkplatz 60 Min.

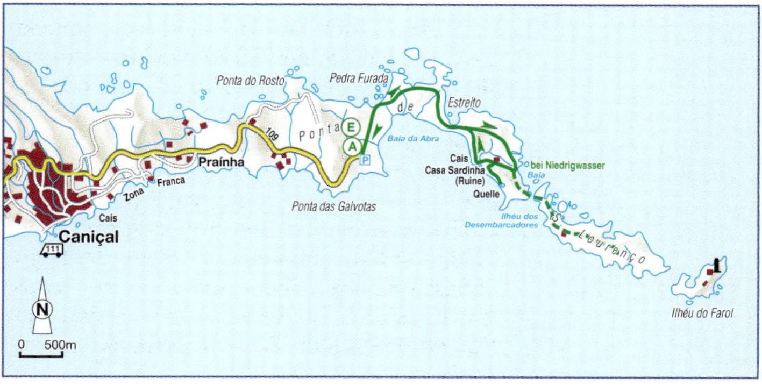

Am besten nimmt man also ein Taxi von *Caniçal* bis zum Ende der Straße 109 an der *Baía da Abra* und bestellt sich dieses auch schon für den Rückweg. Hier wurde für die Besucher ein Parkplatz eingerichtet. Die ersten mobilen Stände für Erfrischungen und Souvenirs aus echten oder imitierten Walfischknochen finden sich bei gutem Wetter inzwischen auch ein.

Der Fußweg beginnt am Parkplatz in Richtung Norden. Zunächst überquert er einen breiten, erodierten Erdweg. Unser Weg ist zu Anfang gut ausgetreten. Manchmal weiden Kühe auf den Grasflächen zwischen den kleinen Erosionstälern. Man versucht, die Wiesen durch kleine Steinwälle vor weiterer Erosion zu schützen. Die violett blühende Distel, die hier weit verbreitet ist, wurde aus dem Mittelmeerraum eingeschleppt.

Nach 12 Min. beachten wir bei einer Weggabelung den Pfad nach rechts vorläufig nicht. Etwas später werden wir zu ihm zurückkehren. Wir gehen geradeaus weiter, angezogen von starkem Rauschen des Meeres, dessen Anblick noch von einer Bergkante versperrt wird. Hat man sie überschritten, dann droht der Wind einen häufig vom Fleck wegzuwehen.

In der tosenden See trotzt die *Pedra Furada*, ein schwarzer Lavafelsen, dem Ansturm der Wellen, umschwirrt von zahlreichen Möwen. Die senkrecht geschichteten Hänge der Bucht leuchten vor dem dunkelblauen Meer in purpurroten Farben. Es sind rote Lavaströme, die mit ockergelben Schichten aus Tuffmaterial wechseln und von dunklen, markanten Lavagängen durchzogen werden.

Zur Fortsetzung des Weges kehrt man an die Weggabelung zurück. Jetzt gehen wir nach links weiter, nach Südosten. Der Weg ist dort, wo er über festeres Gestein führt, mit roten oder weißen Farbtupfern markiert, die einen zu der nächsten großen Bucht führen. Ihrer Kante sollte man sich mit Vorsicht nähern, denn das Gestein ist porös, der Wind manchmal heftig, und der Blick geht senkrecht in die Tiefe, wo das Meer mit voller Wucht an den ausgezackten Lavafelsen nagt.

Der nächste Hang, der zu Recht den Namen *Estreito*, »Höhenzug zwischen Einschnitten«, trägt, ist der schwierigste für Wanderer, die leicht schwindelig werden, weil er sehr schmal ist: Wie auf einem Steg geht man über dem Meer. Man schaut zugleich auf die etwas sanfter abfallenden Südhänge und auf die schroffe Nordküste der Halbinsel, ein Resultat der zwischen Norden und Süden unterschiedlich starken Kräfte von Meer und Wind.

Da keine Vegetation und keine weiteren Kuppen die Sicht versperren, sieht man von weitem in einer Mulde das einzige Haus auf der Ponta, die *Casa do Sardinha*. Nach 50 Min. erreicht man die Höhe dieses Hauses, läßt es aber rechts unterhalb des Wanderwegs liegen. Nach einem etwas ermüdenden Anstieg von 60 Höhenmetern gelangt man über begraste Flächen zur höchsten Erhebung der Wanderung. Abrupt endet dieser Abhang, und man schaut in die Tiefe, wo nur ein schmaler »Hals« das nächste Stückchen Land mit der Hauptinsel verbindet. Auf der *Ilheu do Farol*, der »äußeren Insel«, steht der 1870 erbaute *Leuchtturm*. Er markiert den östlichsten Punkt von Madeira, von der nächsten Erhebung der Ponta durch einen Kanal von 150 m Breite getrennt. Im Südosten der Spitze erscheinen die noch 20 km entfernten unbewohnten *Desertas*. Wie ein Luftbild breitet sich der Rest der Insel vor einem aus: Die Felsen zeigen ihre schwarzen Abbruchkanten, durchsetzt von vielen rötlichen Farbtönen, das Wasser leuchtet blau bis smaragdgrün. Es heißt, daß man bei Ebbe die nächste Insel, die *Ilhéu dos Desembarcadores* (der »Ankommenden«), entlang der Bucht *Boqueirão* von hier aus erreichen könnte, doch haben wir bislang immer die Rückkehr vorgezogen, um die Wanderung mit einem Bad im Meer zu verbinden.

Wir schlagen als Rückweg den Abstieg von diesem grasbewachsenen Hang in Richtung auf die so idyllisch gelegene *Casa do Sardinha* vor. Das Haus gehört einer Familie in Funchal, seit langem unbewohnt ist es jetzt zur Ruine geworden. Der Hausgarten zeigt noch die ehemalige Pracht von hohen Agaven, Agapanthus, Palmen und Oleander. Und woher holten die Bewohner das Wasser für Haus und Garten? Das Süßwasser schöpfte man aus der *Fonte do Geraldo*, die auf alten Karten 250 m südöstlich des Hauses in einer Höhe von etwa 50 m dicht am südlichen Steilhang liegt. Vielleicht findet jemand die Quelle?

Ein alter, ehemals schön bepflanzter Pfad führt vom Haus direkt bis zu einer Bucht auf der Südseite. Hier erbauten die Besitzer 1904 einen kleinen *Kai*, von dem man ins Wasser springen kann. Geschützt durch die weite Bucht der *Baía da Abra* liegt hier noch ein kleines Felsenriff vor dem Kai, so daß das Wasser fast immer ruhig ist.

Für den Rückweg steigt man direkt vom Kai auf einem erkennbaren Pfad wieder den Hang hinauf. Er trifft den uns schon bekannten Hauptweg und bringt uns in 50 Min. zurück zum Parkplatz.

Weg der Wasserfälle

4,25 Std. 900 auf 1000 m.

Tourencharakter: *Bequeme Wanderung entlang der einsamen Levada do Caldeirão Verde mit steilem Anstieg zur langen Tunneldurchquerung der Levada do Pico Ruivo.*

Wetterabhängigkeit: *Der erste Teil der Wanderung bei jedem Wetter, der zweite nicht bei starkem Regen.*

Von Queimadas zum Caldeirão Verde und Fajã da Nogueira

Die Wanderung beginnt im Naturpark von *Queimadas*. Man geht an den beiden Nachbildungen eines *Santana-Häuschens*, die für die schwarzen Schwäne errichtet wurden, vorbei und läuft zunächst auf einem recht breiten Weg entlang der *Levada do Caldeirão Verde*. Der lehmige Boden des nicht bewachsenen Weges ist leider zu Beginn extrem rutschig. Ältere Besucher, für die ei-

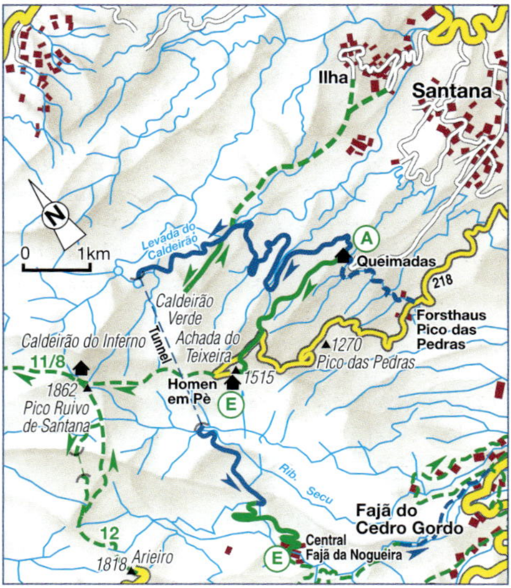

Kurzinfo

Ausgangspunkt: Queimadas oberhalb von Santana.

Endpunkt: Rückkehr nach Santana oder Weg bis zum »Central« bei Fajã da Nogueira.

Gehzeiten: Von den Rasthäusern in Queimadas bis zum angezeigten Pfad »Vale da Lapa« 1 ½ Std.; durch die nächsten Tunnel bis zum Wasserfall Caldeirão Verde 45 Min.; bis zum Ende in der Höllenschlucht 20 Min.

Rückweg von hier aus bis nach Santana 3 Std. 30 Min.

Fortsetzung entlang der Levada do Pico Ruivo und da Serra: Aufstieg 10 Min.; hin und zurück zur Madre im Höllenkessel 40 Min.; Durchgang durch den Tunnel 35 Min.; entlang der Levada bis zum Abstieg zum Kraftwerk Fajã da Nogueira 40 Min.; Abstieg zum Kraftwerk 30 Min.; weiter bis zur Landstraße 103 1 Std. 30 Min.

Kombinationen: Folgende Variationen sind in Verbindung mit der Wanderung entlang der Levada möglich, die hier aber nicht beschrieben werden: Abstieg über Ilha nach São Jorge; Abstieg durch das Tal der Ribeira Grande nach São Jorge; Rundweg um das Kraftwerk Fajã da Nogueira im Tal der Ribeira Fajã da Nogueira (auf 960 m), der besonders eindrucksvoll ist (6 Std.).

Als Anschluß ergeben sich vom »Central« aus alle Touren zwischen Cruzinhas und Ribeiro Frio (z.B. Tour 12) und von Queimadas aus der Aufstieg zum Pico Ruivo.

gentlich dieser erste Teil als Spaziergang ideal wäre, könnten daher Schwierigkeiten haben.

Bei der ersten Weggabelung kümmern wir uns nicht um den Weg nach links. Dieser würde in 30 Min. zu einem weiteren See und einem Aussichtspunkt hochführen. Unser Weg bleibt immer auf derselben Höhe. Er ist an seinem Rand mit verschiedenen Koniferen, Lilien und Hecken aus Hortensien bepflanzt. An einem großen Picknickplatz mit rustikalen Tischen und Bänken lohnt sich schon nach 5 Min. die erste Pause, um die Aussicht zu genießen: Vor einem großen Flußtal liegt der kleine Ort *Ilha de São Jorge*, zu dem eine Straße von *São Jorge* hinführt. Von unserem Levadaweg geht später ein Pfad ab, der den Wanderer auch zu Fuß nach *Ilha* bringen könnte. Weiter nach Osten ist die weite Fläche von *Santana* mit ihren verstreut liegenden Häusern wiederzuerkennen.

Nach 15 Min. wird eine Ziegenpforte passiert und die von der Madre der Levada gezählten Kilometer werden auf einem Stein mit »7 km« angegeben. Danach ändert sich der Weg. Er ist schmal und bewachsen, so daß er auch nicht mehr so rutschig ist. Des öfteren muß die Levada, wenn überhängende Felsen die Passage unmöglich machen, umgangen werden.

Nach 25 Min. passieren wir auf einer Brücke, zusammen mit der Levada, eine dunkle Schlucht. Nach der Anzeige »6 km« macht die Levada eine Biegung und gibt wieder den Blick auf die zu Beginn erspähten Ortschaften frei. Damit ist die *Ribeira dos Cedros* überquert. Nach 50 Min. gehen wir durch einen offenen Zaun. Nach insgesamt 60 Min. stehen wir vor dem ersten großen *Wasserfall*. Er fällt in zwei Stufen und speist einen See. Nach weiteren

15 Min. folgt der nächste *Wasserfall,* der dieses Mal aber die Levada füllt. Die Brücke, die hier über die *Ribeira da Fonte do Louro* führt, hat ein Holzgeländer. Der Fluß fällt unterhalb der Brücke weiter steil abwärts und erreicht als *Ribeira dos Arcos* den Ort *Ilha.*

Nur 5 Min. später zählen wir den *dritten Wasserfall.* Die Levada ist teilweise zerstört. Doch immer, wenn man auf dem Mäuerchen der Levada gehen muß, weil für den *Passeio* kein Platz mehr ist, ist der Weg durch einen Holzzaun gesichert.

In den folgenden 25 Min. werden wir statt der Wasserfälle die kleinen Tunnel zählen, durch die die Levada hindurchfließt: Es sind vier, die alle so kurz sind, daß man nicht unbedingt eine Taschenlampe braucht. Nur für den dritten empfiehlt es sich, eine zur Hand zu haben, weil man sich bücken muß.

Vom Levadaweg gehen zwischen den Tunnel mehrere Pfade ab, die von den Forstarbeitern benutzt werden. Und was wir auf keinen Fall in dieser entlegenen Gegend vermuten würden: Nach dem ersten Tunnel weist ein Schildchen nach rechts: »Vale da Lapa posto florestal«. Dieser auch weiterhin ausgeschilderte Weg würde uns in 20 Min. zu einem einsam gelegenen *Forsthaus* führen. Von dort könnte man in weiteren 80 Min. Abstieg den Ort *Ilha* erreichen.

Wir bleiben jedoch auf unserem Weg der Wasserfälle. Nach dem letzten Tunnel gewinnen wir nach 2 Std. 15 Min. einen schönen Blick auf die rauschende *Ribeira Grande,* die ihrem Namen »Großer Fluß« alle Ehre macht.

Entlang unserer Levada passieren wir als nächstes eine Überlaufrinne und eine Schleuse. Das Schild, das nach links in die Schlucht wies, war 1996 verschwunden.

Sehenswürdigkeit:
Der Park von Queimadas, der 1937 angelegt wurde. Er ist vor allem im Frühjahr schön, wenn die großen Rhododendronbüsche in Blüte stehen, die um die drei Häuser herum angepflanzt wurden. Zierteiche, auf denen schwarze Schwäne schwimmen, viele Spazierwege und zahlreiche Picknicktische machen das Gebiet zu einem beliebten Erholungsgebiet. Die zwei großen Rasthäuser sind im Stil der Santana-Häuschen gebaut, aber sehr viel geräumiger. Ihre Innenausstattung besteht aus antiken Möbeln. Die Häuser stehen – wie auch die anderen Casas de Abrigo – Madeiras erholungsuchenden Familien in Staatsdiensten kostenlos zur Verfügung.

Diese Schlucht ist jedoch nicht zu übersehen: Ein Trampelpfad führt von der Levada weg in diese hinein. Vorsicht! Die Steine im Flußbett sind extrem rutschig. Nach 200 m treten die Felsen zurück, und vor uns stürzt ein 300 m hoher Wasserfall in einen tiefblauen See vor der senkrechten, grün bemoosten Steilwand. Wir sind im »Grünen Kessel«, nach dem die Levada ihren Namen »do Caldeirão Verde« hat. Da es hier immer schattig ist, bedarf es einigen Mutes, um in dem kalten Wasser ein kurzes Bad zu nehmen.

Zurück zur Levada: Wir gehen an ihr entlang weiter talaufwärts und kommen zu einem mit Gras bewachsenen Vorsprung, wo Arbeiter unter einer Plane Feuerholz gestapelt haben, um hier ihre Espetada zu grillen. Da die Levada ab hier kein Wasser mehr hat, ist ihr Mäuerchen eingestürzt. Hier steht ein Schild »*Danger*«, um vor dem Weitergehen zu warnen. Allen Wanderern, die nicht trittsicher oder schwindelfrei sind, sei zur Umkehr nach *Queimadas* geraten. Aber auch die anderen sollten ihre Entscheidung weiterzulaufen, von den Witterungsverhältnis-

Levadaweg bei Queimadas.

sen und dem Zustand des Weges abhängig machen und gegebenenfalls umkehren. Auf dem restlichen Weg von 20 Min. bis zum *Caldeirão do Inferno*, dem »Höllenkessel«, ist mit Erdrutschen zu rechnen. In der Regel sind sie festgetreten und passierbar, aber sie sind nicht mehr durch ein Geländer gesichert. Der Weg entlang der Felsen ist schmal und bei Feuchtigkeit teilweise glatt.

Wenn ihr Zustand erlaubt weiterzugehen, erleben wir nach weiten 10 Min. den Blick in den Talkessel der »Hölle«. Dieser türmt sich 300 m steil über uns auf und reicht noch weit in die Tiefe unter uns. Er ist grün bemoost und ohne Wasserfall, da das Wasser oberhalb in der Levada Pico do Ruivo abgefangen wird. Kaum vorstellbar, daß die Madeirenser auch in diese Felsen einen Weg gebaut haben!

Wenn wir *ganz bis zum Ende* entlang des nur noch sehr schmalen Weges in der Felsenwand gehen, werden wir ihn finden. Es ist ein Aufstieg linker Hand, der in deutlich erkennbare Stufen übergeht. Auf diesen steigt man 80 m fast senkrecht hoch, bis man in ungefähr 1000 m Höhe vor dem Tunneleingang steht, durch den man in das Nachbartal von *Fajã da Nogueira* gehen kann. Von links kommt das Wasser, das dem Wasserfall Caldeirão Verde entzogen wird, von rechts das aus dem Inferno. Zunächst lohnt es sich aber, die *Madre* dieser neuen Levada zu besuchen: Man geht an dem großen Wasserbecken vorbei. Kurz darauf wird man unter einem Wasserfall etwas naß, bis man noch durch mehrere kleine Tunnel, vorbei an einem tosenden *Wasserfall*, zum Ende der Schlucht der *Ribeira Grande* kommt. Der Fluß wird auf zwei schmalen Brücken überquert. Im *Höllenkessel* selbst ist die »Mutter« der Levada erreicht. Hier kann man in Ruhe lagern.

Danach laufen wir in 20 Min. zurück zum Tunneleingang. Jeder braucht für diesen Durchgang von 2,4 km seine *eigene Taschenlampe,* die gut aufgeladen sein muß. Der Tunnel ist kalt und naß, zwischendurch rauschen auch kleine Wasserfälle in die Levada, so daß man am besten seinen Schirm aufspannt oder den Regenmantel anzieht. Es ist natürlich stockdunkel, und es scheint eine endlose Geherei zu sein, bis endlich der kleine helle Punkt den Ausgang signalisiert. Wie schön ist es, wenn man dann wieder in die wärmende Sonne hinaustritt, die in dem Tal von *Fajã da Nogueira* auch häufiger scheint als in dem humiden Queimadas. (Durch seine Breite sind dieser Weg und das hellgestrichene *Haus der Levandeiros* sogar von der Aussichtsplattform am *Balcões* aus sichtbar). Alles ist gut instand gehalten, um den Wasserlauf für das Kraftwerk von *Fajã da Nogueira* nicht zu hindern. Das Wasser fällt am Nordosthang des Tales zum »Central« hinab, während das Wasser der *Levada dos Tornos* das Gefälle von 500 m am Südhang ausnutzt. Anschließend fließen beide Ströme als *Levada dos Tornos* weiter nach Süden, wo das Wasser am *Monte* bei Funchal für die Bewässerung der Küstenhänge gebraucht wird (Tour 2). Nach 40 Min. entlang der Levada kann man durch einen mit Laubbäumen bestandenen Hang zum *Kraftwerk* absteigen, wozu noch einmal 30 Min. einzuplanen sind. Die sich anschließenden 4,5 km auf der befahrbaren Erdstraße, bis diese die ER 103 zwischen *Cruzinhas* und *Ribeiro Frio* erreicht, sind ermüdend. Aber erst hier verkehrt der Bus 103. Wenn man allerdings noch die Kraft und Lust hat oder eine Mehrtagetour eingeplant hat, kann man noch weiter in diesem einsamen Tal bleiben und weitere Wege erkunden.

Der Meeresweg

2,5 Std. 300 – 0 – 300 m.

Tourencharakter: *Wanderung an der Nordküste dicht am Meer mit je einem Ab- und Aufstieg.*
Wetterabhängigkeit: *Nicht bei starkem Nordwind. Im Winter oft sonnig.*

Küstenweg von Santana über Calhau nach São Jorge

Auf der Straße 101 von *Santana* nach *São Jorge* biegen wir 1,7 km nach dem *Rathaus* von Santana, direkt neben der Haltestelle des Busses 103, nach rechts: Ein schmaler, gepflasterter Fahrweg endet nach 500 m vor einer großartigen, verfallenden *Quinta*. Der Garten ist verwildert, und wir können ihn betreten. Wie immer haben die Bauherren für die Lage ihrer Herrenhäuser guten Geschmack bewiesen: Die Quinta Casa do Lino

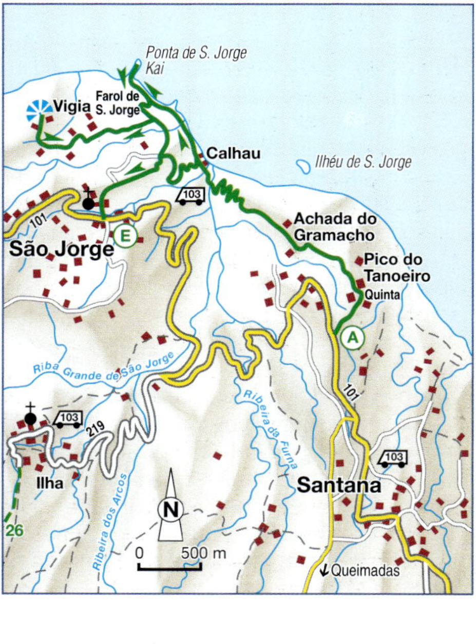

Kurzinfo

Ausgangsort: Santana.

Endpunkt: São Jorge.

Gehzeiten: Von der Quinta bis zum Beginn des alten Verkehrswegs abwärts bei dem Kiefernwäldchen 30 Min.; zur Brücke über den Fluß São Jorge 20 Min.; entlang der Küste bis zu den Kaianlagen 45 Min.; zurück zum Aufstiegsweg 5 Min.; Aufstieg zu dem breiten Weg 30 Min.; durch den Ort bis zur Kirche 30 Min.

17

Kombinationen: Aufstieg von Queimadas bis zum Pico Ruivo.
In Santana Abstieg auf 1000 Stufen zum Meer durch den Rocha-do-Navio-Steilhang.

liegt auf dem kleinen Bergrücken, Pico do Tanoeiro (280 m). Die kleine Ebene *Achada do Gramacho* trägt den Namen eines der ersten Lehnsherren der Insel, *Rui Gramacho,* dem im Gebiet um Santana viele Ländereien gehörten. Nachkommen dieser herrschaftlichen Familie gibt es nicht mehr auf Madeira.

Ein schmaler Fußweg, auf dem wir die Wanderung beginnen, führt in Verlängerung der Pflasterstraße um die Quinta herum, dann durch Weinberge abwärts, bis er am Fuß des kleinen Bergrückens an einer Erdstraße endet. Wir befinden uns auf einer Ebene, über die zu wandern wir nicht mehr als 10 Min. benötigen.

Wir biegen nach links in den größeren Weg ein, der schon oben von der Quinta aus sichtbar war. Die neue Quinta do Furão lassen wir rechts liegen und halten dann in Richtung auf einen *kleinen Kiefernwald* zu, der auf einem Abhang im Nordwesten wächst. Den Weg, der von links hinzukommt, können wir ignorieren. Er führt zurück zur Hauptstraße. Unsere Orientierung ist diese kleine Kieferngruppe.

Nachdem man 40 Min. gelaufen ist, gabelt sich kurz vor der markanten Kieferngruppe der Weg. Wir nehmen den Pfad nach links und beginnen mit unserem Abstieg entlang des Steilhangs der *Ribeira de São Jorge*. Für einen kurzen Moment ist der *Leuchtturm* von *São Jorge* hoch auf einem Felsen auszumachen. An den abgerundeten Stufen ist der alte Verkehrsweg zu erkennen: Einst stellte er die wichtigste Verbindung von São Jorge nach *Santana* dar, und Calhau war der wichtigste Ort der Gemeinde. Jetzt ist der Weg von Farnen, Brombeeren, Disteln und Kakteen fast zu einem Hohlweg geworden. Zwischen dem dunkelgrünen Äonium schimmern hellgelb die Ähren des sich wild aussäenden Weizens, der aus der

Zeit stammt, als die kleine Ebene vor allem zum Getreideanbau genutzt wurde.

Unser erstes Ziel haben wir von diesem Steilhang aus immer vor Augen: Unter uns liegen die Häuser von *Calhau*, und zwar am anderen Ufer des breiten Flusses São Jorge, und wir können auch die alte *steinerne Brücke* über ihn sehen. Viel zu kurz erscheint einem dieser schöne Abstieg über die engen Serpentinen so hoch direkt oberhalb des Meeres. Nach 10 Min. erreicht man schon die Brücke, die von Moosen und Farnen grün bewachsen ist und über die die alte Levada geführt wurde. In dem weitläu-

Blick von der Levada do Norte bei Estreito da Câmara de Lobos: Nicht nur die Gärten und Felder werden von der Levada bewässert, auch Extrareservoirs, die nur für das Wäschewaschen angelegt worden sind (Tour 18.1).

Die Pfarrkirche von São Jorge ist Ziel der Küstenwanderung von Santana aus (Tour 17). Sie wurde hoch über dem Meer errichtet, nachdem die Kirche in Calhau 1660 einer Überschwemmung zum Opfer gefallen war.

figen Flußbett werden Bananen und Wein angebaut. Die einst herrschaftliche *Quinta* in *Calhau* ist verlassen. Ein alter Fußweg führt von ihr aus linker Hand den Hang direkt nach São Jorge steil hinauf, doch wir wählen den Küstenweg, der weiter entlang der wenigen Häuser von Calhau führt: Wo sonst kann man auf der Insel nur 30 bis 50 m oberhalb des Meeres entlanglaufen? Der Name des Ortes, »Steine«, bezieht sich auf den unwirtlichen, steinigen Strand, doch kann man in einem Pool der hier mündenden Ribeira de São Jorge sogar baden.

Bei der nächsten Gabelung des Weges bleibt man wieder auf dem rechten Weg entlang der Küste. Die Brandung schlägt an die Felsen, die kleinen Felder sind durch Hecken vor dem scharfen Nordostwind geschützt. Der Weg ist teilweise mit stützenden Mauern in den Felsen hineingebaut. Eine *kleine Brücke* ist zu passieren, oft ist der Weg schon durch die starke Brandung zernagt, so daß auch einige Schritte über Geröll zu machen sind. Nach 1,5 Std. sieht man vor sich die alten *Kaianlagen* von São Jorge, die 1904 bis 1910 errichtet wurden. Hier konnten Waren angelandet werden, die dann auf unserem Landweg zum Ort Santana gebracht wurden.

Heute lagern in einem baufälligen Schuppen noch einige Boote, die kleine Holzbrücke wird oft von den Wellen zerstört. Der Platz ist bei den Anglern beliebt, denen es zu verdanken ist, daß der Pfad von São Jorge zu diesen Kais überhaupt noch begehbar ist. Das Erreichen des letzten Endes des Kais stellt eine artistische Mutprobe dar. Wir kehren besser um.

Um von hier aus nunmehr den Ort *São Jorge*, der 300 m höher liegt, zu erreichen, muß man zunächst 300 m von den *Cais* entlang dieses Küstenwegs wieder zurücklaufen. Da der Weg von Wasserfällen durchtränkt wird, zeigt der schmale Streifen üppigen Bewuchs, Margeriten, Yamblätter, Kamille und Schilf, so daß der Einstieg in den Weg schwer zu finden ist. Es gilt, aufmerksam nach einer Steinmauer in der Felswand Ausschau zu halten: Man entdeckt sie, wenn man an dem Steilhang hochblickt, und zwar in einer Höhe von etwa 10 m. Dieses Mäuerchen ist Teil des alten Weges, der von Steinwällen abgestützt, direkt von dem Ort in engen Serpentinen zu dem winzigen Hafen auf unseren Weg hinunterführt.

Wir beginnen mit dem steilen Aufstieg und erreichen bald eine *Pforte*, die das höher gelegene Weinanbaugebiet von den herumlaufenden Ziegen trennt. Zwischen Erikabüschen, kleinen Eichen und Mimosen gelangt man zu einem Erdweg. Wir folgen ihm links abwärts; kurz darauf geht es in Serpentinen rechts weiter aufwärts. Wir überqueren das Ende einer Teerstraße und erreichen linker Hand den Friedhof. Der kleinen geteerten Straße folgen wir bis zur großen Kirche von São Jorge, wo auch die Straße 101 wieder erreicht wird.

Will man die Aussicht von der *Achada da Vigia* genießen, hält man sich beim ersten Erdweg nach dem Aufstieg rechts statt links (20 Min., ausgeschildert). Will man nach *Calhau* auf einem Rundweg zurück, verläßt man den links gewählten Erdweg nicht, um zum Friedhof zu kommen, sondern geht ihn weiter abwärts. Auf den auf dem Hinweg bereits bemerkten Serpentinen gelangt man zurück nach Calhau (20 Min.).

Auf dem Rückweg von der *Vigia* könnte man allerdings durch die vielen Straßen verwirrt sein. Man muß nur nach der »Estrada para Santana/Boaventura« fragen. Zum Schluß geht man auf einem lehmigen Fahrweg an den Mauern einer vornehmen *Quinta* vorbei, deren Felder noch bestellt werden: Dr. J. F. de Oliveira, Arzt, Politiker und Abenteurer (1761–1829) erhielt 1803 das Anwesen als Auszeichnung für seine Verdienste, und sein Sohn ließ später hier das Gut errichten. Man läßt dieses Anwesen links liegen und gelangt direkt bei gefälligen Picknicktischen vor dem Bild einer *schwarzen Madonna* und einem *ovalen Platz voller Blumen* zur Hauptstraße 101. Nach links abwärts geht es auf der Teerstraße in Richtung *Santana*, vorbei an dem Schild *Centro de Saúde* (Gesundheitszentrum); nach rechts führt die Straße nach *Boaventura*. Möchte man den Weg in der anderen Richtung laufen, muß man im weitläufigen São Jorge nur fragen: »Faz favor, senhor/hora, onde é a vereda para as cais« oder »a Ponta de São Jorge«. Mit »sempre em baixo« wird man schon auf den richtigen Weg abwärts gewiesen werden.

Die sonnige Südküste

7 Std. | 550 m. auf Meereshöhe | 22 km.

Tourencharakter: *Bequeme Spaziergänge entlang der Levada do Norte durch die Gärten der Südhänge mit imposantem Abstieg am Cabo Girão.*
Wetterabhängigkeit: *Wenn die Wolken tief über den Bergen hängen, ist es entlang dieser Levada häufig noch sonnig. Im Sommer sollte man wegen des fehlenden Schattens dagegen Touren im Norden vorziehen.*

Entlang der Hänge der Südküste von Estreito da Câmara de Lobos bis nach Boa Morte

Mit dem Bus Nr. 90 von Funchal nach Corticeiras fährt man bis zur Haltestelle »Levada do Norte«, 2 Stationen nach der großen Kirche in *Estreito de Câmara de Lobos*. Gegenüber der »Paragem« (Haltestelle) steht ein Schild, also auf der linken Straßenseite: Es rostet vor sich hin, aber die Inschrift »Levada do Norte« ist noch zu erkennen.

1. Vorschlag: Der Vorstadtweg

An der eben erwähnten Bushaltestelle »Levada do Norte« beginnt eine sehr beliebte Wanderung nach Westen, indem man weni-

Kurzinfo

Ausgangsort: Estreito da Câmara de Lobos oder ein anderer Ort entlang der Südküste in der Nähe der Levada do Norte.

Endpunkt: Boa Morte oder die anderen Dörfer entlang der Südküste je nach Teilabschnitt.

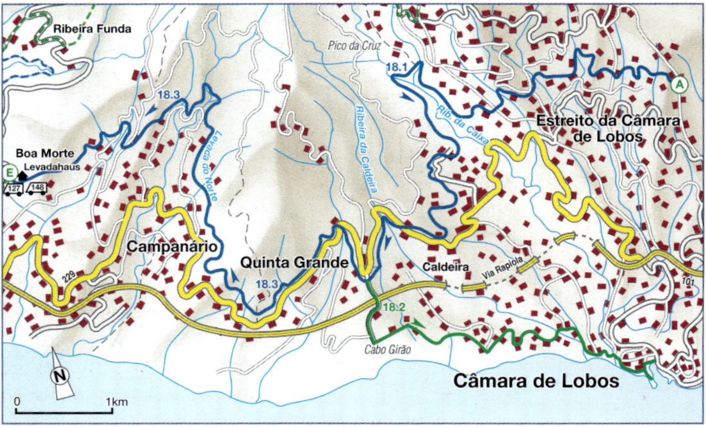

Gehzeiten: 1. Vorschlag: Nach Westen von Estreito bis zum Tunnel unter dem Cabo Girão 2 Std. 2. Vorschlag: Abstieg nach Câmara de Lobos 2 Std. 3. Vorschlag: Vom Cabo Girão bis Boa Morte 3,5 Std. Für den Weg hin und zurück zum Steilhang des Cabo Girão 1,5 Std.

ge Steinstufen, dem Schild folgend, hochsteigt. Man befindet sich auf der zunächst noch mit Steinplatten zugedeckten Levada. Gleich zu Beginn macht die Levada einen weiten Bogen in das Landesinnere, um die *Ribeira da Caixa* überqueren zu können. An zwei steileren Passagen wird die Levada auf Pfaden kurz umgangen.

Die Bauern kürzen den »Umweg«, den die Levada in das Tal der *Ribeira da Caixa* machen muß, durch An- und Abstiege auf Plattenwegen durch die Felder ab. Diese Wege sind von der Levada aus gut sichtbar.

Nach 1 Std. 30 Min. ist die *Straße 229* erreicht. Die Levada wird unter der Straße hindurchgeführt. Auf der gegenüberliegenden Seite findet man sie beim *Kilometerstein 5* wieder. In der Begrenzungsmauer der Straße ist ein Durchgang. Auf einigen Stufen geht man wieder zur Levada hinunter und verläßt schnell die verkehrsreiche Straße.

Die Levada überquert den großen Fluß *da Caldeira* und nimmt die Richtung zum Meer. Die sonnigen Hänge dieses Flusses fallen sanfter zum Meer ab als die der anderen Flüsse auf Madeira. Jeder Flecken ist daher vor allem für den Anbau von Wein genutzt.

Nach insgesamt 2 Std. steht man vor einem *Tunnel,* durch den die Levada fließt. Man geht in 3 Min. durch ihn hindurch, wozu eine Taschenlampe hilfreich ist. Auf der Ost- wie auf der Westseite des Tunnels gehen Stufenwege zur Stichstraße 231 hinauf, wo der Aussichtspunkt *Cabo Girão* ausgeschildert ist. Um ihn zu erreichen, muß man 1 km entlang der Straße 231 bis zum Meer gehen.

Nach dem Besuch des steilen Kliffs *Cabo Girão* kann man diesen Spaziergang beenden, indem man zur Kreuzung von der

Stichstraße mit der 229 zurückläuft, wo zahlreiche Busse nach Funchal verkehren. Man kann aber auch nach *Câmara de Lobos* zu Fuß absteigen oder die Levadawanderung in Richtung *Westen* fortsetzen. Beides wird in unseren zwei folgenden Vorschlägen beschrieben.

2. Vorschlag: Abstieg vom Cabo Girão

580 m mißt der ununterbrochene Steilabfall von *Cabo Girão* zum Meer. Die einen behaupten, daß es nur in Taiwan ein höheres Kliff gäbe, die anderen glauben, eins in Norwegen sei höher. Aber nur in Madeira wird es diesen einmaligen Blick geben: In den kleinen Ausbuchtungen und Nischen der Felswand sind hoch über dem Meer in Richtung Osten kleinste Felder mit markanten Rillen zu erkennen, bewässerte Äcker! Tief unten am schmalen Strand wachsen Bananen in einem dichten Hain. Man sagt, die Bauern ließen sich in Körben zu ihren Feldern hinab oder würden sie nur angeseilt bearbeiten und die Felder am Meer seien nur von der See aus zu erreichen. Wir werden Ihnen in diesem Vorschlag erklären, wie Sie zu den Feldern hinabsteigen können, auch ohne angeseilt zu sein.

Sie gehen von dem Aussichtspunkt 30 m zurück auf das große Haus mit Souvenirständen zu. Oberhalb seines Daches liegen die offiziellen Picknickterrassen. Rechter Hand geht ein Erdweg abwärts, der zunächst auch noch befahrbar ist. Sie folgen seinen Serpentinen, bis er nach 10 Min. vor einigen Häusern endet. Seit einigen Jahren werden hier viele Felder nicht mehr bebaut, und zahlreiche Häuser sind nicht mehr bewohnt. Wenn Sie bis zum Rand der Wiesen nach rechts gehen, stehen Sie plötzlich wieder vor dem Steilhang, aber 100 m unterhalb des Aussichtspunktes. Hier sind herrli-

Kombinationen: In Boa Morte Fortsetzung, entlang der Levada bis zur Pousada dos Vinháticos. Aufstieg von der Levada nach Fontes. In Estreito da Câmara de Lobos 1 Std. entlang der Levada nach Osten.

che Lagerplätze, die viel schöner zum Rasten sind als der viel besuchte offizielle Aussichtspunkt oben auf dem Cabo Girão.

Wenn Sie diesen *Abstieg* aber im Anschluß an die Wanderung entlang der Levada machen möchten, ohne erst zum Aussichtspunkt hinaufzusteigen, dann beginnt der Abstieg schon an dem *Tunnel* der Ostseite. Statt durch den Tunnel zu laufen oder hochzusteigen, gehen Sie an einer kleinen Levada weiter in Richtung auf das Meer zu. Nach 5 Min. »verläuft« sich die Levada, aber dem Weg können Sie bis zu den Wiesen direkt unterhalb des *Miradouro* folgen. Dabei überqueren Sie die Erdstraße, die direkt vom *Cabo Girão* herunterkommt.

Die Hänge am Fluß »da Caldeira« fallen fast sanft zur Südküste ab. Sie werden intensiv für den Anbau auf terrassierten Feldern genutzt.

Am Ende des Erdwegs, den man jetzt auf die eine oder andere Weise erreicht hat, ist links eine kleine Feldlevada, die neu zementiert wurde. An ihr geht der Pfad in Verlängerung des zerstörten Fahrwegs weiter. Treppen, mit Feldsteinen eingefaßt, führen zunächst am Hang, der »Innenkante« des *Cabo Girão*, von 480 m weiter abwärts. Direkt vor einem liegen sorgfältig bearbeitete Äcker. Kleine Stufen, Holzpforten und eingefaßte Aquädukte führen nach rechts in die Felswand hinein. Auf den Kanten sind Wasserbecken ausgehoben worden. Wenn man den Mut hat, hier hinaufzuklettern, steht man vor Feldern, die sich wie ein Schiffsvordeck über das blaue Meer hinausschwingen. Diese konnte man schon vorher vom höchsten Punkt des *Cabo Girão* ausmachen und bestaunen. Sind es komplizierte Eigentumsverhältnisse, ist es die Liebe zu diesem Hang, die Bauern dazu bringen, hier in schwindelnder Höhe unter Lebensgefahr Felder zu bewässern und zu bebauen, wo 50 m oberhalb unbenutzte Wiesen liegen?

Nach links gehen mehrere Wege in das Tal von *Caldeira* hinab. Treppenwege am anderen Hang zeigen, daß man überall durch die Felder wieder aufsteigen könnte. Wir bleiben jedoch möglichst nahe an der Kante des *Cabo Girão* und benutzen die zum Meer nächstliegende Treppe abwärts. Nach 100 Höhenmetern hört der akkurate Feldanbau auf. Schließlich kommen wir zu den ersten Häusern von *Rancho*. Nach 1 Std. 20 Min. Abstieg, zuletzt auf Treppen mit der Jahreszahl 1983, queren wir die erste Landstraße. Die Straße verläuft in Schleifen am Hang entlang. Hier verkehrt auch ein Bus zwischen *Caldeira* und *Câmara de Lobos*. Ab etwa 240 m Höhe gibt es zwischen den Serpentinen der Straße leider keine Fußwege mehr, und wir folgen der Straße nach links abwärts.

Im Mündungsbereich von zwei großen Flüssen entstanden auf zwei flachen Felsrücken die verwinkelten, ärmlichen Wohnviertel der Fischer von *Câmara de Lobos*, wovon das Ilhéu-Viertel das bekanntere ist. Es sind auf Madeira die einzigen burgähnlichen Wohnviertel, die an wehrhafte Ortschaften erinnern.

Eine kunstvolle Terrassenanlage, auf die man vom Cabo Girão hinabblickt. An ihr entlang führt der Abstieg zu dem Küstenort Câmara de Lobos (Touren 18.1 und 18.2).

Die Kapelle »Nossa Senhora dos Pescadores« am Hafen von Câmara de Lobos. Der Glockenturm stammt noch aus der Zeit, als Zarco diese wahrscheinlich älteste Kirche Madeiras errichten ließ (Tour 18.2).

Nachdem man den *Ribeiro da Caixa* auf einer Brücke überquert hat, empfängt einen der zentrale Dorfplatz von *Câmara de Lobos* mit einem Musikpavillon, der großen Kirche, Restaurants und Bars, vielen Kindern und herumstehenden Männern. Der Blick zurück: Dunkel erhebt sich der Küstensaum des Felsens nach Westen, auf dem wir gerade auf vielen Treppen abgestiegen sind.

3. Vorschlag: Durch Kiefernwälder

Bei diesem handelt es sich um die Fortsetzung der Wanderung vom *Cabo Girão* an der *Levada do Norte* weiter nach Westen. Auf der Westseite des Bergrückens kann einen eine ganz andere Wetterlage als im Osten überraschen: Sonne, falls der Nordostpassat die Wolken bis an die tieferen Südhänge gedrückt hat, oder Nebel und Regen, wenn die Westwinde über die Küste streichen. Dieser Teil der Levada ist landschaftlich sehr viel reizvoller als der vorhergehende, der durch die dicht besiedelten Hänge führte.

Alle Busse von Funchal nach *Ribeira Brava* halten an der Kreuzung der ER 229 mit der ER 230, der Stich-

straße, die zum *Cabo Girão* führt. Hinter dem kleinen Supermarkt, der direkt an dieser Kreuzung liegt, geht man wenige Meter in Richtung auf die steilen Treppen der Wallfahrtskirche *Nossa Senhora da Fâtima* zu. 200 Stufen führen zu ihr hinauf, auf denen die Wallfahrer am 13. Mai büßend auf den Knien hochrutschen. Wir gehen nicht nach oben, sondern wählen vor der Kirchentreppe einige Stufen nach rechts abwärts, also nach Westen. Der Weg durch die Häuser führt hier direkt auf die *Levada do Norte* hinunter. Die Levada hat den *Tunnel* verlassen und fließt in einem Bogen

Der Abstieg vom Cabo Girão endet in Câmara de Lobos. Hier kann man die Rückkehr der Fischer vom Espadafang beobachten. Dieser schwarze Tiefseefisch wird an langen Angelleinen gefangen (Tour 18.2).

zurück nach Norden. Wir sind im Tal der *Ribeira Quinta Grande*. Nach 10 Min. steigen wir die wenigen Stufen wieder zur Teerstraße 229 hinauf. Diese wird hier auf einer Brücke über den Fluß *Quinta Grande* und die Levada geführt. Auf der gegenüberliegenden Seite setzen wir unseren Weg an der Levada fort. Die Levada entfernt sich rasch von der lauten Straße, und die Hänge sind weniger bewohnt. Sie bedingt hier auf einer Höhe von 550 m die Grenze für den Feldanbau, da oberhalb von ihr keine weitere Levada fließt und damit Bewässerung nicht möglich ist.

Im nächsten Tal liegt die Ortschaft *Campanário* am gleichnamigen Fluß. Viele der sehr alten, steilen, gepflasterten Straßen queren die Levada auf winzigen Steinbrücken. Auf den Straßen könnte man nach *Campanário* absteigen. Dafür muß man sich nur an der *Kirche* orientieren und mindestens 30 Min. rechnen. Der weitere Weg an der Levada ist angenehm, weil er durch die Kiefernnadeln einen weichen Boden hat. Man sieht am Hang den Bau der neuen Straße.

Nach 3,5 Std. wird ein altes, verfallenes *Levadahäuschen* erreicht, das jetzt durch ein neues, das gleich darauf folgt, ersetzt worden ist. Hier wird eine große *Schleusenanlage* gewartet, und die Levandeiros haben einen bezaubernden Rosengarten angelegt. Nur wenige Schritte weiter gelangt man zu der Landstraße, die von *Boa Morte* nach *Fontes* hinaufführt. Hier beenden wir unsere Spaziergänge an der Südküste.

Links kann man nach *Boa Morte* absteigen. Wenn man Lust hat, folgt man auch hier wieder den alten Wegen, die neben der Bar gegenüber dem großen, neuen Wassertank, beginnen und in nur 30 Min. kurz vor *Campanário* zur ER 229 führen.

Bei den Windmühlen

3,5 Std. 1200 – 1400 – 1620 m 7 km.

Tourencharakter: *Levadawanderung und Aufstieg im Gebirge, an der Süd- wie auch Nordseite des Kammes.*
Wetterabhängigkeit: *Nicht im Nebel, sonst bei jedem Wetter möglich.*

Aufstieg vom Encumeada-Paß über den Pináculo zum Paúl da Serra

Bis zum Einstieg in die Levada sind es von dem *Encumeada-Paß* 4,5 km, die man nur entlang der neuen Höhenstraße ER 110 laufen oder fahren kann, denn durch den Bau der Straße wurden 1992 die alten Fußwege in der Steilwand des Encumeada-Passes zerstört. Man folgt dem Schild »Paúl da Serra« auf der nördlichen Seite des Passes, geht vorbei an den Picknicktischen auf der »Nase« des *Encumeada-Passes*, kommt zurück auf die Südseite des Kammes, geht auf der Straße durch mehrere feuchte Tunnel mit Steinschlaggefahr und läßt neu errichtete Picknicktische bei den Tunneln am Straßenrand mit Ausblick auf das *Ribeira-Brava-Tal* links liegen. Nach 1 Std. 10 Min. erreicht man vor der Felswand auf der rechten Seite der Straße automatisch zwei große

Kurzinfo

Ausgangspunkt: Encumeada-Paß auf der Nordseite.

Endpunkt: Staatliches Rasthaus »Bica da Cana« auf der Hochebene von Paúl da Serra (nicht bewirtschaftet!)

Gehzeiten: Vom Paß zur Levada 1 Std. 10 Min.; Aufstieg zum Pináculo 1 Std. 10 Min; von dort bis zum Fußpfad durch die Büsche zur Hochebene 10 Min.; Aufstieg bis zum Haus Bica da Cana 1 Std.

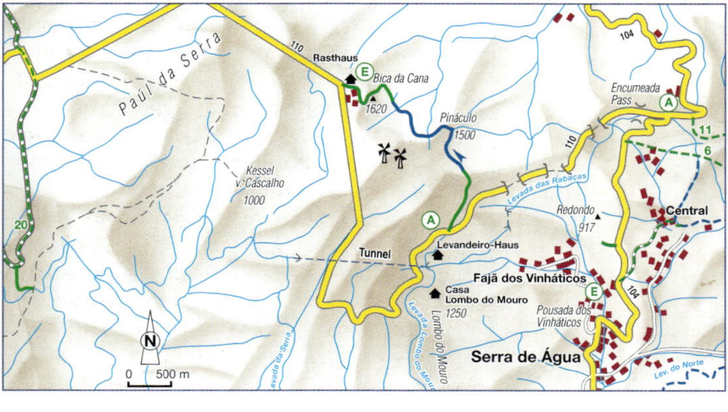

Schilder mit den Inschriften *»Encumeada«* und *»Bica da Cana«*. Auf der rechten Seite fließt entlang der Felswand von schräg oben die Levada *Lombo do Mouro* und wird hier über die Straße geführt. Diese Stelle ist unser Einstieg in die Levadawanderung. (Nur 20 Min. weiter beginnt nach links die Levadawanderung Lombo do Mouro hinunter nach Ribeira Brava.)

Wir gehen einige Stufen zu der Levada hoch und folgen ihr entgegen ihrer Fließrichtung. Bald werden wir von einigen *Wasserfällen,* die von der Levada nur teilweise aufgefangen werden, durchnäßt. Der einst dichte Bewuchs hatte sich 1996 noch nicht völlig von einem Waldbrand erholt, so daß bei den folgenden steilen Serpentinen der Weg teilweise schattenlos bleibt.

Nach 10 Min. hört man erneut das Rauschen eines Wasserfalls, aber man sieht ihn erst beim Hochblicken oberhalb der nächsten Serpentinen zwischen den Büschen. Nur wundert man sich, wo das Wasser bleibt und wie man es passieren wird, da der Weg direkt darauf zuhält. Nach zwei weiteren Serpentinen stellt man fest, daß der Wasserfall völlig in der Levada aufgefangen wird, so daß man trockenen Fußes weitergeht. Bei dem Blick nach Süden, in die Täler der *Ribeira Brava* und *Ponta do Sol*, ist als einziges Haus das kleine Dach der *Casa do Lombo do Mouro* zu entdecken, das renoviert ist.

Nach 30 Min. Anstieg befindet man sich auf 1360 m und unerwartet oberhalb des Wasserfalls, der unten in der Levada aufgefangen wird. Doch wo kommt das Wasser her?

In 1380 m Höhe gewinnt man den ersten Blick auf die Nordseite, die oft für eine Überraschung gut sein kann. Meistens wird ein starker Wind aus Norden dem Wanderer ins Gesicht blasen, und er wird auf die Wolkendecke im São-Vicente-Tal hinunterschauen.

Auf 1400 m erst löst sich das Rätsel des *Wasserfalls*: Auf dem folgenden Kammweg entlang der Nordseite endet abrupt die *Levada da Serra,* die hier als künstlicher Wasserfall hinabstürzt, um 100 m tiefer die *Madre* der neuen *Levada do Lombo do Mouro* zu bilden. Für uns verläuft der rotbräunliche Weg, grasbewachsen und von Erikabäumen überdacht, auf derselben Höhe. Er bleibt neben der *Levada* und führt direkt auf eine markante Basaltspitze, dem *Pináculo,* zu. 1 Std. 10 Min. dauert dieser Anstieg bis zur »Zinne«, wie die treffende Bezeichnung des Berges übersetzt lautet. Zu seinen Füßen laden Grasflächen zum Rasten ein: Das Wasser der Levada ist kühl und sauber zum Trinken. Der Blick fällt auf den Kirchturm ohne Kirche von *Rosário,* kein Geräusch dringt aus dem lauten Ribeira-Tal mehr herauf.

Nach dem *Pináculo* macht dieser farbenprächtige Levadaweg eine Biegung nach Süden, und ganz überraschend stehen direkt oberhalb des Weges, wohl 250 m höher auf der Kante drei der neuen *Windräder.*

Noch zwei schwierige Passagen sind entlang der Levada zu bewältigen: In dem steilen Felsenkessel, wo die *Levada da Serra* durch die herabstürzenden Wasserfälle ihre *Madre* hat, haben diese ihren Rand zerstört. Wo das Wasser nur teilweise von ihr aufgefangen wird, ist auch der schmale Levadaweg überschwemmt, und die Steine sind rutschig. Ein Erdrutsch aus der Hochebene, wahrscheinlich von den dortigen Bauarbeiten verursacht, wird auch zur Zerstörung beigetragen haben.

Nach 1 Std. 45 Min. werden mit einem Holzgatter auf der Levada zwei Weidege-

Die sumpfige, meistens neblige Hochebene des Paúl da Serra ist unbewohnt. Sie wird für die Schafzucht genutzt (Touren 19 und 20).

biete voneinander abgetrennt. Unmittelbar danach folgt ein schöner Grasplatz. An seinem Ende steht ein großes, »vergessenes« Verkehrsschild mit der Inschrift »Caramujo«. Wer aber wird von hier aus noch zu dem inzwischen zerstörten Forsthaus desselben Namens, durch einen zugewachsenen Pfad und schließlich sogar entlang einer nicht mehr begehbaren Erdstraße laufen wollen? Man sollte sich daher nicht verführen lassen, auf diesem zunächst noch breiten Weg weiterzugehen, sondern auf einen kleinen Stein neben dem Verkehrsschild achten. Auf diesem ist ein kaum sichtbarer Pfeil gemalt, der nach links auf den Hang zeigt. Genau hier entdecken wir im dichten Bewuchs den kurzen steilen Anstieg zur Hochebene, der in den letzten Jahren auch von den Arbeitern als Abstieg zur Levada benutzt worden ist.

Wir »schlagen« uns also für die nächsten

150 Höhenmeter »in die Büsche«. Den Serpentinen des ausgetretenen Weges folgend, gelangen wir in insgesamt 2 Std. 15 Min. zu einer Senke am Rand der Hochebene. Der Weg verliert sich hier zwischen Gras, Bächen und Ziegenpfaden. Man muß jedoch immer nur in Richtung Südwesten durch das Farnkraut stapfen oder möglichst den ausgetretenen Wegen folgen, um zur geteerten Landstraße 110 zu kommen. Es ist die Straße, die wir 7 km weiter entfernt zu Beginn der Wanderung verlassen hatten. Man wird sie auch bei schlechter Sicht finden können, wenn man nur den hohen Windrädern folgt. 10 Min. brauchen wir auf dem kürzesten Weg, um die Straße und auf ihr das nicht bewirtschaftete staatliche Rasthaus *»Bica da Cana«* zu erreichen. Dort macht die Straße, nach Westen, in Richtung *Porto Moniz*, einen Bogen von 90 Grad.

Das Haus steht am Fuß der namengebenden Felsenspitze (1620 m). Die Übersetzung »Schilfbrunnen« weist auf die vielen Quellen in diesem sehr feuchten Gebiet hin. Es lohnt sich, zu dem mit einem rustikalen Holzzaun umgebenen *Miradouro* hochzusteigen, um den Blick in das Tal von São Vicente zu genießen. Ein Pflasterweg, der manchmal mit einer Kette zugehangen ist, und ein schmaler Fußweg führen oberhalb des Hauses in 5 Min. zum Gipfel. In dem kleinen aufgeforsteten Tannenwald, der das Rasthaus umgibt, und auf der Terrasse vor dem Haupteingang sind Picknicktische für die Familienausflüge der Madeirenser aufgestellt.

Auf der »sumpfigen Ebene« gibt es weder Restaurants noch Bars, keine Busverbindung und auch keine Telefonzelle. Man kann den Weg also nicht einfach »ins Blaue« hinein planen, sondern muß sich vorher verabreden, daß man abgeholt wird.

Die fünfundzwanzig Quellen und andere Wasserfälle

2 Std. 1060 auf 1300 m.

Tourencharakter: *Steiler Auf- und Abstieg.*
Wetterabhängigkeit: *Besonders schön im Sommer, um baden zu können.*

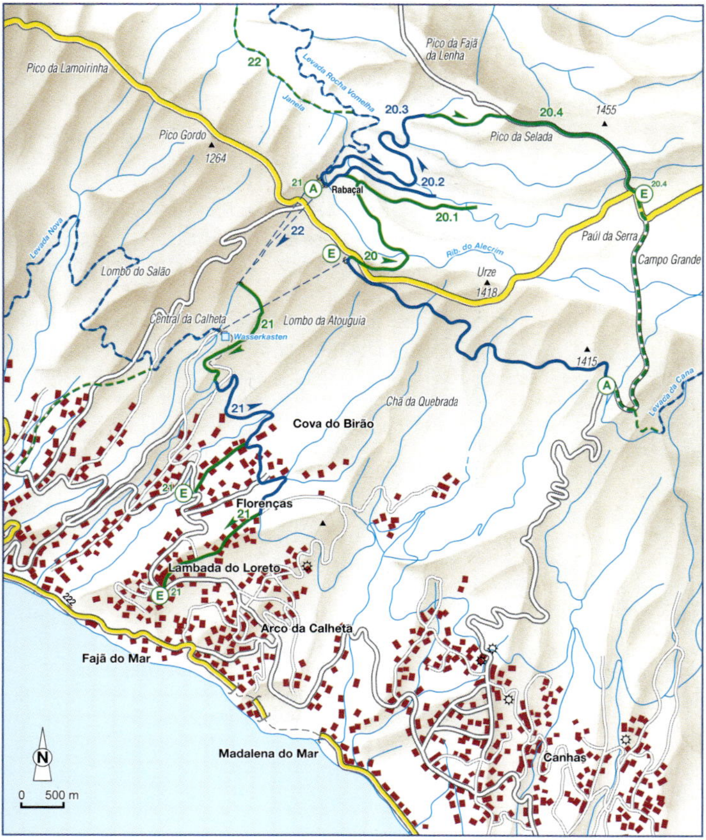

20.1 Zu den Bergseen

Neben dem *Brunnen* mit dem Baumfarn steigen wir aufwärts. Kurz darauf wird die asphaltierte Zufahrtsstraße nach Rabaçal überquert. Auf der anderen Straßenseite ist die Fortsetzung des Weges leicht zu finden. Er steigt fast in der Fallinie an. Erikabäume, die schräg über den Weg wachsen, umfangen uns. Nach 40 Min. Aufstieg gabelt sich der Weg: Nach links geht er abwärts und gibt bald den Blick auf einen *Wasserfall* frei. Wir erreichen ihn bei ungefähr 1150 m. Er fällt in einen See mit smaragdgrünem Wasser, doch bildet er nur die erste Stufe in der Kette der drei Wasserfälle der *Ribeira Grande*. Wenn wir behutsam nach links gehen, stehen wir oberhalb des Wasserfalls *do Risco*, der teilweise in die *Levada do Risco* fällt. Meistens wird man unten die winzigen Figuren erkennen, die den *Risco* besuchen und sich wundern, daß man überhaupt hier heraufsteigen kann.

Wenn das Ufer auch etwas steinig ist und das Wasser meistens sehr kalt, ein kurzes Bad in dieser *Lagoa* (Bergsee) kann trotzdem empfohlen werden.

Zurück zum Weg an der Gabelung: Nach links geht es weiter aufwärts. Bei der nächsten Gabelung nehmen wir wieder einen Weg nach links abwärts. Dieser endet nach 15 Min. bei dem See, aus dem der Wasserfall, den wir eben besuchten, gespeist wird. Nach diesen Ausflügen zu den zwei Seen gehen wir auf demselben Weg zurück nach Rabaçal, denn der ehemalige Weg zum Paúl da Serra ist völlig zugewachsen.

20.2 Der gefährliche Wasserfall

Tourencharakter: Leichter Spaziergang.
Wetterabhängigkeit: Bei Regen rutschig.
Reine Gehzeit: 40 Min. Hin- und Rückweg.
Höhe: 1060 m.

Der größte Wasserfall Rabaçals wird kurz *Risco* (Rischku), der »Gefahrvolle« genannt. Auf der Ostseite des Hauses, also dort, wo die Straße endet, beginnt der Spaziergang bei dem Schild, das zum »Risco« weist. Diesen breiten und ebenen Weg, der neben der *Levada do Risco* entlangführt, möchten wir vor allem auch älteren Wanderern empfehlen. Nach 5 Min. ist an einer Abzweigung der Abstieg zu der Levada der »25 Fontes« nach links und die Fortsetzung unseres Wegs mit »Risco« geradeaus ausgeschildert. Nach 15 Min. wird ein runder Platz mit alten steinernen Bänken erreicht. Über 100 m Höhe rauschen zwei Wasserfälle herab.

Der weitere Durchgang durch den Tunnel in der Felswand unter dem Wasserfall ist gestattet. Dafür braucht man eine Lampe. Nach etwa 50 m muß man zu dem Platz umkehren. Nach links unten schaut man in die Schlucht der *Ribeira Grande* und auf unser nächstes Ziel, die *Levada der 25 Quellen,* die 200 m tiefer verläuft. Röhren bringen von den reichlichen Wassermassen des *Risco* neuerdings noch Wasser entlang der *Levada der 25 Quellen* durch den »Tunnel der Reiter« nach Calheta (Tour 21). Leider wurden durch diese Erdarbeiten auch erhebliche Zerstörungen an den beliebtesten Levadawegen der Insel angerichtet.

Auf demselben Weg kehren wir zurück nach Rabaçal.

20.3 Die 25 Quellen

Tourencharakter: Rundweg entlang der Levadas mit steilen Ab- und Aufstiegen.
Wetterabhängigkeit: Nicht bei starken Regenfällen.
Reine Gehzeit: 2 Std. 10 Min.
Höhen: 1060–960–820–960–1060 m.
Wir beginnen den Weg wieder wie auf der Wanderung zum *Risco,* nehmen aber an der

Weggabelung den mit »25 Fontes« ausgeschilderten Abstieg nach links abwärts. Wir erreichen die Levada dieses Namens auf 960 m nach 10 Min. Wir gehen nach rechts und blicken bald von unten wiederum auf den gewaltigen *Risco-Wasserfall*. Diese Levada ist mit ihrem Moosbewuchs, der Überdachung aus Erika und den kleinen ständigen Zuflüssen aus den Felswänden besonders schön. Man überquert auf einer alten steinernen Brücke zusammen mit der Levada die *Ribeira Grande*. Dafür steigt man 60 Stufen auf der einen Seite ab und auf der anderen wieder hoch. Die Treppe endet an einem *Wasserhaus* auf 960 m, in das das Levadawasser hineinströmt, um nach dem Prinzip der kommunizierenden Röhren auf dem Hang, von dem wir gerade kommen, dieselbe Höhe wieder zu erreichen.

Die Levada hat ihre Berühmtheit vor allem durch die nächste Strecke erlangt: Sie fließt in einem hochgemauerten, inzwischen völlig bemoosten Kanalbett, an dem man sich mit einer Hand festhalten könnte, wenn einem schwindlig wird. Links fällt der Hang steil bis zum Tal der *Ribeira da Janela* ab; doch der Hang ist so dicht bewachsen, daß man das Gefühl hat, hier kann nichts passieren.

50 Min. nach dem Abstieg ist schließlich die »Madre« erreicht, nach der die Levada ihren Namen hat: Ein gemauerter Steg führt vor einer alten Brücke nach rechts in ein dunkles Halbrund hinein. Hier stürzen die *25 Wasserfälle* herab und bilden einen dunkelblauen See, der die Levada speist. Wir haben sie allerdings nicht gezählt.

Von hier aus gehen die meisten Besucher wieder auf demselben Weg nach *Rabaçal* zurück. Wir möchten Ihnen jedoch vorschlagen, den Rückweg zu einem abwechslungsreichen *Rundweg* zu gestalten, der allerdings etwas mehr Trittsicherheit verlangt.

Gehen Sie zunächst auch auf demselben Weg entlang der Levada zurück. Nach 10 Min. werden Sie zur Rechten auf einem begrasten Vorsprung den einzigen Abstieg entlang dieser Levadastrecke entdecken. Diesem folgen Sie. Nach wenigen Schritten kommen Sie an einigen Bienenkästen vorbei. Der Weg ist steil und vielleicht auch rutschig. Er endet nach 10 Min. auf der Levada der nächsten »Etage« (820 m), der *Levada da Rocha Vermelha* (Levada zum *Roten Felsen*).

An dieser Stelle steht, unter Büschen versteckt, ein kleines Levadahaus. Von diesem nimmt der Abstieg in das Tal der *Ribeira da Janela,* den wir in Tour 22 beschreiben, ihren Anfang. Nach rechts können Sie eine wunderschöne Wanderung entlang der jüngsten Levada von Rabaçal unternehmen. Nach links wird Sie der Weg entlang der Levada zurück nach *Rabaçal* führen. In dieser letzten Richtung könnten Sie sogar der Levada durch ihren großen *Tunnel* bis zur Südseite der Insel folgen.

Die schönsten Hortensienhecken wachsen an dieser »Kreuzung«. Eine kleine Höhle, vor der Sie die Reste einer Feuerstelle finden werden, dient den Arbeitern als Unterstand: Die Levadaarbeiter nehmen bis heute zur Arbeit ihr Fleisch für die traditionelle Espetada (Fleischspieß) mit, das sie an einem Lorbeerzweig ins Feuer halten. Dazu essen sie das mit Süßkartoffeln verfeinerte Brot und trinken ihren hausgemachten Rotwein.

Zurück nach Rabaçal folgen Sie nunmehr dieser Levada in ihrer Fließrichtung. Nach wenigen Minuten werden Sie am gegenüberliegenden Hang ein schwarzes Loch im Felsen sehen, wo der Tunnel beginnt, der das Wasser der *Levada da Rocha Vermelha* zur Südseite bringt. Doch so weit müssen

Sie nicht laufen. Dort, wo die *Ribeira Grande* von der Levada tangiert wird, trennt sich der Weg für einige Meter von der Levada und führt über eine neu betonierte *Brücke*. Ein großer Feigenbaum war hier lange das markante Zeichen. Jetzt ist es einfacher, sich an einem 30 m breiten Erdrutsch zu orientieren, der durch die Arbeiten am Risco-Wasserfall bei der Verlegung der neuen Röhren entstand. Sie übersteigen die untere Kante dieses Erdrutsches auf einem inzwischen schon festgetretenen Pfad nach links. Dieser taucht danach sofort wieder in den Erikawald ein und bringt Sie in bequemen Serpentinen in 15 Min. wieder zur *Levada der 25 Quellen* zurück.

Zu dieser Levada waren Sie zu Beginn der Wanderung schon an einer anderen Stelle gelangt. Wenn Sie hier nach links gehen, kommen Sie in 10 Min. zurück zu den Treppen, auf denen Sie im ersten Teil dieses Rundwegs abgestiegen sind. Wir schlagen Ihnen deshalb vor, nach rechts zu gehen, also »levadaabwärts«: Nach 10 Min. bevor Sie den *hohen Tunnel* erreichen (Tour 21), beginnen Sie mit dem letzten 20minütigen Aufstieg. Dafür folgen Sie dem breiten Weg nach links. Sie kreuzen noch einmal die *Levada do Risco* und erreichen das Haus von *Rabaçal* auf der anderen Seite als Sie abgestiegen sind, und zwar direkt an dem *Picknickhaus*.

20.4 Aufstieg zum Fanal

Tourencharakter: Zu Beginn ein schwierig zu findender Weg; anstrengender Anstieg und ein langer Spaziergang auf der Hochebene mit Abstieg nach Rabaçal.

Wetterabhängigkeit: Nicht im Regen und nicht im Nebel.

Reine Gehzeit: 3 Std. (bis zur Straßenkreuzung), 4,5 Std. für den Rundweg.

Höhe: 1020–960–1420–1020 m.

Zunächst laufen Sie auf demselben Weg zu den »25 Quellen« wie bei der Tour 20.3. Sie gehen aus dem Kessel auch wieder zur Levada zurück, gehen dann aber über die alte Brücke nach rechts. Die Levada ist jetzt sehr schmal. Nach 10 Min. ist ihr Ende in der *Ribeira dos Cedros* erreicht. Hier beginnt ein alter Aufstieg zum *Fanal*, der aber schwierig zu finden ist. Nach starken Regenfällen oder bei hohem Wasserstand des Baches sollte man den Versuch daher auf keinen Fall unternehmen.

Zehn Meter bevor die Levada ihre Madre erreicht, muß man links über die Begrenzungsmauer des Weges klettern, um zum Bach hinunterzusteigen. Diesen überquert man, wobei auf den Steinen Rutschgefahr besteht. 30 m tiefer beginnt der alte Weg am rechten Ufer des Baches. Da er seinen Anfang noch auf den Steinen des Flußbetts nimmt, ist er nicht sofort als Weg erkennbar. Schon nach 10 m jedoch verbreitert er sich

Der von Erikabäumen gesäumte Weg entlang der hohen Mauer der Levada der 25 Quellen bei Rabaçal (Touren 20.3 und 20.4).

so, daß man sich sicher ist, ihn gefunden zu haben. Der Weg ist von den Arbeitern freigeschlagen, aber nicht mit Stufen angelegt. Er folgt – wie so häufig – einem Bergrücken und gewinnt schnell an Höhe.

In 1040 m Höhe blickt man auf die Häuser von *Rabaçal* und auf die letzte Kurve der *Levada der 25 Quellen* zurück. Nach 1 Std. Anstieg sieht man auf 1300 m über die Hänge von Rabaçal hinweg sogar auf das Meer. 15 Min. später stehen wir auf 1340 m vor einer *Holzpforte,* die in einem Drahtzaun für die Abgrenzung des Weidegebiets eingesetzt ist. Man geht durch die Pforte und entlang des Zauns durch die Büsche nach rechts. Der Zaun endet nach 100 m auf dem Fahrweg zum Fanal mit einem massiven Viehrost. Nach links kämen wir zum *Fanal.*

Hier halten wir uns rechts und gehen über den *Viehrost* nach Süden. Bald schauen wir rechts in das steile Tal der *Ribeira dos Cedros,* wo unsere Levada endete, und auf die Dächer der Häuser von Rabaçal.

In 45 Min. nach Beendigung des Aufstiegs kommen wir zur großen Kreuzung auf der *Paúl da Serra.* Leider ist der Weg dahin weder befahrbar noch richtig schön zum Wandern. An der Kreuzung – auf 1420 m – informieren uns die Schilder: Rabaçal 5 km, Canhas 12 km und die Richtung aus der wir kommen: Ribeira da Janela 20 km und Fanal 8 km. Der letztere Weg ist auch als *Caminho do Fanal* (Kaminju du Fanál) bekannt. Im Fanal wachsen die einmaligen, knorrigen Tilbäume (Madeira-Stink-Lorbeer), die unter Naturschutz stehen.

Wenn man sich nicht an diesem markanten Punkt mit einem Auto hat verabreden können, bleibt nur die Rückkehr nach Rabaçal entlang der ausgeschilderten Teerstraße (1,5 Std.)

Durch den Tunnel der Reiter

2,5 Std. | 1060 – 650 – 400 m. | 7,5 km.

Tourencharakter: *Leichte Levadawanderung mit steilem Abstieg nach Loreto.*
Wetterabhängigkeit: *Jederzeit, auch bei Regen.*

Von Rabaçal nach Loreto an der Südküste.

Der kürzeste Abstieg zum *hohen Tunnel* beginnt in Rabaçal neben dem Picknickhaus. Der Weg geht von dort in Serpentinen durch Erikabüsche weiter abwärts, kreuzt zunächst die *Levada do Risco* und endet nach 10 Min. auf dem breiten Weg der *Levada der 25 Quellen*. Wir folgen ihm jetzt nach links. Nach weiteren 5 Min. erreichen wir eine *Brücke,* wo das Wasser der Alecrim aufgefangen wird und das Wasser der *Levada do Risco* in einem Kanalbett herunterschießt. Vor dem Tunnel laden alte Steinbänke zum Rasten ein. Doch wenn es hier kühl und regnerisch ist, sollte man nicht zögern, rasch durch den Tunnel zur Südseite zu gehen, wo vielleicht strahlender Sonnenschein herrscht.

Der Tunnel, der 1855 gebaut wurde, war der erste auf Madeira, um Wasser unterirdisch weiterzuführen. Er wurde so hoch konstruiert, daß man hindurchreiten kann. Für den Durchgang braucht man 10 Min., wofür unbedingt eine Taschenlampe erforderlich ist. Am Ausgang liegt die alte *Casa da Câmara da Carga,* ein einstmals wichtiges Levandeiro-Haus. Vielleicht sind Picknicktisch und Wasserhahn noch erhalten?

Vom Tunnelausgang bietet sich ein schöner Ausblick auf die Ortschaften der Südküste. Nach links sehen Sie die Fortsetzung Ihres Weges, der bis zu einer Brücke noch an der Levada verläuft. Auf ihr überquert man den Bach neben einem kleinen Wasserfall, bleibt dabei auf derselben Hanghöhe, geht

Route siehe Kartenskizze auf Seite 117

Kurzinfo

Ausgangspunkt: Rabaçal.

Endpunkt: Florenças oder Loreto an der Südküste.

Gehzeiten: Von Rabaçal Abstieg bis zum Tunnel 10 Min.; Durchgang 10 Min.; Abstieg bis zur Levada 40 Min.; bis zur Abstiegsmöglichkeit nach Florenças 20 Min.; Abstieg nach Loreto 50 Min.

Durch den Tunnel von Rabaçal zur Südküste ritt man früher mit dem Pferd.

an der nächsten Abzweigung geradeaus und nicht nach rechts abwärts. Der Weg führt dann gemächlich durch Heidekraut und niedriges Gebüsch abwärts. Es werden zwei Röhren passiert, die das Wasser vom großen Reservoir oben an der Straße zum Kraftwerk *Central* herunterbringen. 5 Min.

später quert ein einzelnes Rohr den Weg, das das Wasser von den zwei oberen Levadas von Rabaçal zur *Central* führt.

Die nächste Levada, der wir begegnen, ist die *Levada da Rocha Vermelha,* die durch den Tunnel eine Etage tiefer das Tal von Rabaçal verlassen hat. Ihr Wasser wird bei einem Haus in ein Becken geleitet und ebenfalls dem Kraftwerk zugeführt.

Wir steigen auf einem Fahrweg weiter abwärts. An der nächsten Kreuzung mit einem Erdweg halten wir uns rechts. Bei der darauffolgenden Weggabelung gehen zwei Wege bergab. Der linke Weg ist ein alter, gepflasterter Dorfweg, dem wir folgen. Nach 1 Std. 10 Min., gerechnet seit unserem Aufbruch in Rabaçal, kreuzt diese Straße den einen Strang der *Levada da Calheta* oder *Levada Nova,* deren Wasser hier nach Osten geleitet wird. Wir gehen an ihr nach links, also in Fließrichtung weiter.

Zwei Täler werden von der Levada umrundet. Zu welchem Ort man auf einem der vielen Pflasterwege, die die Levada queren, absteigen möchte, kann man sich auswählen. Wir raten, der Levada noch bis zur ersten Steinbrücke über den Fluß *Atouguia* zu folgen, da ein vorheriger Abstieg recht lang wäre. Nach 1,5 Std. kommt *Florenças* ins Blickfeld, und die *Ribeira das Faias* wird auf einer Holzbrücke überquert. Auf der nächsten Pflasterstraße bietet sich ein günstiger Abstieg an, der die Straße bei *Florenças* erreicht.

Wenn man noch weiterlaufen möchte, empfiehlt sich der Abstieg nach *Loreto.* Dafür muß man der Levada noch weitere 30 Min. folgen. Bei einem großen *Reservoir* beginnt der Abstieg nach rechts. Die 200 Höhenmeter bis zur Straße sind extrem steil, so daß man dafür noch einmal 30 Min. rechnen sollte.

22 Einsames Flußtal

12 Std.

1050 m auf Meereshöhe

Tourencharakter: *Steiler Abstieg von Rabaçal, sehr schwierige Wanderung entlang eines Flusses mit kleinen Seen, lange Levadawanderung und leichter Abstieg zur Küste.*

Wetterabhängigkeit: *Nur bei guter Sicht, am schönsten in den wärmeren Monaten.*

Entlang des Flusses Ribeira da Janela von Rabaçal nach Porto Moniz

Kurzinfo

Ausgangspunkt: Rabaçal.

Endpunkte: Porto Moniz oder Santa.

Gehzeiten: Rabaçal bis zur Levada da Rocha Vermelha auf der Höhe des Levadahäuschens 30 Min.; Abstieg zum Fluß 20 Min.; entlang des Flusses bis zum Beginn der Levada 4 Std.; entlang der Levada bis zum Wasserbecken unterhalb von Santa 3,5 Std.; Aufstieg nach Santa 50 Min. oder Abstieg nach Porto Moniz 1 Std. 15 Min.

Der Weg ist zunächst identisch mit dem Abstieg zur *Levada da Rocha Vermelha*, der tiefsten Levada von Rabaçal (Tour 20), die in 35 Min. zu erreichen ist:

Bei dem Haus des *Levandeiro* verlassen wir die *Levada da Rocha Vermelha* und gehen abwärts direkt auf das Haus zu, an der Eingangstür vorbei und nehmen jetzt den ausgetretenen steilen Weg nach links unten. Er ist stark zugewachsen und rutschig.

200 m tiefer wird nach 20 Min. der erste See erreicht, in den man zum Baden von den Felsen aus hineinspringen kann. An Wasserlöchern vorbei muß man das linke Flußufer erreichen, wo der Weg entlang des Flusses sichtbar wird. Die nächsten 4 Std. bleibt man immer am linken Ufer. Der Pfad wechselt nur in der Höhe: Er kann bis zu etwa 40 m oberhalb des Flußbetts verlaufen.

Der Weg ist zunächst noch breit und von Erikabüschen eingerahmt. Der Blick geht auf die kleinen Seen, die der Fluß mit seinen Wasserfällen im Flußbett gebildet hat. Nach 60 Min. (die Zeitangabe erfolgt jetzt immer nach Ende des Abstiegs zum Fluß) nähert sich der Weg unmittelbar dem Fluß, wo man es sich auf den Basaltfelsen im Flußbett und zwischen den Becken mit klarem Wasser gemütlich machen kann. Beim

Weiterwandern geht es wieder hoch, da direkt neben einem Wasserfall für den Weg kein Platz ist.

Der nächste Zulauf verwandelt das Ufer in ein sumpfiges Gelände, in dem alte Baumstämme vermodern. Uralte Lorbeerbäume mit hohlen Stämmen säumen den Weg. Beim nächsten Zulauf, der auch viel Feuchtigkeit bringt, scheint sich der Weg am Abhang sogar in der schweren Erde zu verlieren. Man muß nur hoch genug steigen, um ihn zwischen Erikabüschen als festen Weg wieder unter den Füßen zu haben.

Oberhalb eines mächtigen Wasserfalls, der nach 1,5 Std. erreicht wird, ist der Weg wieder gut begehbar. Es wechselt offenes Gelände, wo man den Pfad zwischen kleinen Felsen suchen muß, mit der dunklen Landschaft des Lorbeerwaldes. Nach 1 Std. 40 Min. versperrt ein intaktes Ziegengatter den Weg. Er wird also noch benutzt!

Nach 2 Std. kommt die schwierigste Aufgabe für die Wegsuche: Ein großer Platz direkt am Fluß wird von einer Felswand begrenzt. Der Weg ist so von Farnkraut zugewachsen, daß er nicht mehr zu sehen ist. Man könnte denken, daß man rechter Hand im Flußbett weiterkommt. Aber das stimmt nicht. Eine Felsennase, die dort verführerisch wie ein

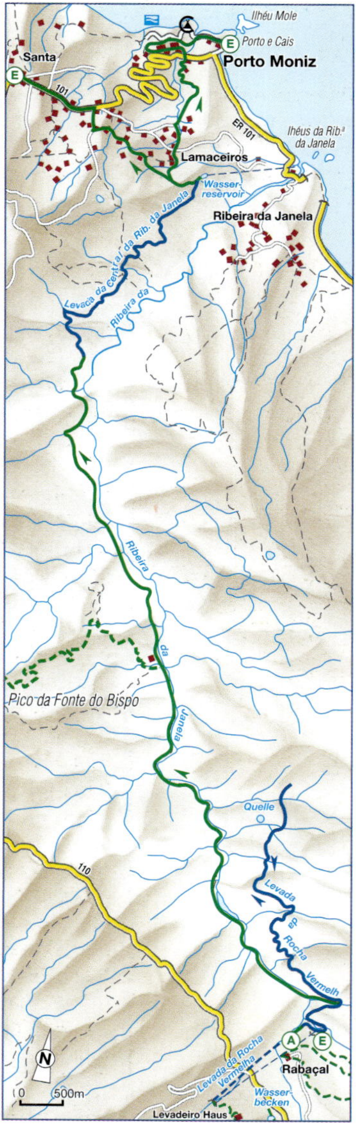

leichter Anstieg ausschaut, führt ebenfalls nur in die Irre. Hier muß man den Abhang weit links zum Felsen, der mit Farn und Gras bewachsen ist, hinaufklettern. Direkt am Ende des Bewuchses findet man den Pfad, auf dem man um diese Wand direkt herumgeht und dabei den Fluß etwas aus den Augen verliert.

Die folgende Stunde wird man damit beschäftigt sein, die kleinen Zuflüsse, die jetzt steil aus der Felswand in den Fluß hinablaufen, zu überklettern. Einst waren hier Tritte herausgehauen, die mit der Zeit ausgebrochen sind. Hier sind mindestens drei schwierige Passagen, die Trittsicherheit und für manchen auch eine helfende Hand verlangen. Die dritte Passage ist die schwierigste. Diese sollte man möglichst hoch im Flußbett, wo der Felsspalt schmaler ist, übersteigen. Es sind jeweils nur wenige Schritte, die auf einer glatten Felswand zu gehen sind. Wenn diese Stelle einem aber zu gefährlich erscheint, sollte man besser umkehren. Nach dieser letzten Passage steigt und rutscht man ein wenig zum Fluß hinunter, wo erst einmal eine Pause notwendig sein wird.

Die letzte Stunde bringt keine Schwierigkeiten mehr. Der Weg geht leicht bergauf und bergab, manchmal ist er rutschig und auch durch einen kleinen Erdrutsch beschädigt. Zum Schluß nähert man sich einem lichten Wäldchen, wo besonders stark duftende Zitronenmelisse wächst. Pflücken Sie welche, denn nach dieser Anstrengung wird ein heißer Tee Wunder wirken! Der Weg wird breiter und endet direkt an der weiten Geröllhalde des Flußbetts. Hier sieht man endlich in etwa 100 m Entfernung flußabwärts die typischen Mauern für die »Madre« einer Levada. Es ist die *Levada da Central da Ribeira da Janela*. Um sie zu erreichen, klettert man am besten über die Felsbrocken im Fluß. Die wenigen Wasserlachen sind gut zu überqueren, so daß man in 10 Min. das erste Mäuerchen der Levada erreicht hat.

Für den weiteren Weg zur Küste schließen sich jetzt noch 4 Std. (14 km) Wanderung entlang der Levada, die 1965 eingeweiht wurde, an, für die man sich aber noch mehr Zeit nehmen sollte, um die Ausblicke zu genießen. Unglaublich ist es, wie tief die *Ribeira da Janela* nach nur wenigen hundert Metern Levadawanderung schon unter einem fließt. Nach ihrer Austrocknung durch die Levada hat sie sich mit dem Wasser der umliegenden Steilhänge schnell wieder aufgefüllt. Zurückblickend sieht man immer wieder hoch über dem Talende die Häuser von Rabaçal. Die Abhänge sind dicht bewaldet, die Felswände feucht und bemoost. Es gibt nur sehr schmale begraste Flächen für eine Rast. Bei dem ersten Arbeitshaus an der Levada in 500 m Höhe endet der Abstieg von der Fonte do Bispo.

Acht Tunnel sind entlang der Levada zu durchlaufen, wobei man für drei keine Taschenlampe braucht, aber für den längsten sollte man 30 Min. veranschlagen, zumal man in der Mitte dieses langen Tunnels unter einem Wasserfall hindurchgehen muß. Dafür zieht man sich am besten einen Regenmantel über. Bei einem weiteren Wasserfall, der auf den Levadaweg prasselt, wird der Wanderer durch ein Blechhaus, durch das er hindurchgeht, etwas geschützt. Hier können Sie besonders dramatische Fotos aufnehmen!

Nach dem letzten Tunnel sind es noch 1 Std. 15 Min. Gehzeit bis zum großen Wasserbecken oberhalb von *Porto Moniz*. Die letzten 3 km sind mit Obstbäumen, Hortensien und Lilien bepflanzt. Die Levada ist hier breiter und hat Schleusen. Mit

Porto Moniz an der nordwestlichen Spitze Madeiras ist Endpunkt der langen Wanderung entlang des Flusses Janela.

großen Metallgittern in ihrem Kanalbett wird das viele Laub »herausgekehrt«. Hier muß man beim Gehen aufpassen, da sich unter der Grassohle oft kleine Abzugskanäle verstecken.

Gehen Sie bis zum Reservoir. Vor ihm steht links ein Forsthaus, wo Sie auch Auskunft erhalten können, um den Weg nach *Porto Moniz* oder *Santa* zu finden, falls sich durch die rege Straßenbautätigkeit in *Santa* etwas geändert hat: »Onde é a vereda para Porto Moniz (port(e) monísch) ou Santa?«

Hier zunächst die Beschreibung nach *Santa*: Vom *Reservoir* geht man die 50 m zum *Forsthaus* an der Erdstraße zurück. Hier folgt man für die nächsten 2,5 km bis nach Santa der Straße aufwärts. Santa liegt an der ER 101. Für den Aufstieg sind

50 Min. zu veranschlagen. Die letzte Strecke läuft man an alten Bauernhäusern vorbei, von denen viele leerstehen.

Nur 25 Min. mehr braucht man, um auf einem der schönen alten Madeirawege von 450 m auf Meereshöhe bei *Porto Moniz* abzusteigen: Dafür geht man vom Forsthaus beim Wasserbecken zunächst auch in Richtung *Santa* aufwärts. Nach 10 Min. geht ein Weg nach rechts ab, und zwar zwischen einigen Häusern nach Nordwesten. Diesem Weg folgt man. Nach 5 Min. wird der Fahrweg zu einem Fußweg, der von Weinbergen gesäumt ist. Nach 10 Min. scheint der Weg an der Teerstraße 101 auf 330 m zu enden. Doch wenn man sich nach links wendet, findet man in 3 Min. die Fortsetzung des alten Madeiraweges wieder. Man steigt nach rechts abwärts auf einem Fahrweg, der zu einigen Häusern führt. Kurz darauf sind die alten Stufen von Gras überwuchert, der Weg ist in engeren Serpentinen angelegt. Von ihnen aus kann man den Blick auf *Porto Moniz* mit seinen schwarzen Lavabecken im bewegten Meer sehr viel besser als von der Straße aus genießen. Die terrassierten Felder von Porto Moniz werden durch Erika- und Wacholderbaumhecken vor dem scharfen Westwind geschützt, so daß das Land wie ein Schachbrett wirkt. An der Westspitze Madeiras ist es für den Anbau von tropischen Früchten zu kalt, dafür aber soll es die besten Kartoffeln der Insel in *Santa* und *Porto Moniz* geben!

Nach 1 Std. 10 Min. Gehzeit seit dem Reservoir beginnt der letzte Abstieg auf Steintreppen durch die ersten Häuser von *Porto Moniz*. 5 Min. später ist man bei den 3 Hotels, den Restaurants, dem Campingplatz und den Schwimmbecken »im« Meer angekommen. Diese liegen innerhalb der Lavariffe und sind mit kleinen Steinmauern vor der See, die mit langen Wogen heranrollt, geschützt, so daß man hier immer baden kann. Die meiste Zeit des Jahres wird einen aber die niedrige Wassertemperatur wieder schnell aus dem Wasser treiben.

Trotz der touristischen Erschließung ist *Porto Moniz* ein ruhiger Ort geblieben. Nur mittags machen hier die Touristenbusse auf ihrer Inselrundfahrt für das Mittagessen halt. Im Sommer allerdings ist Porto Moniz voller Leben, da auch viele Madeirenser gern ihre Ferien auf dem einzigen Campingplatz der Insel verbringen und zum Baden kommen.

Wege der Freude

7 Std. 540 – 0 – 600 m. 22 km.

Tourencharakter: *Steiler Abstieg an der sonnigen Südküste bis zum Meer, Dorfweg entlang des Meeres, Aufstieg an einem Steilhang, mühsamer Anstieg durch bebaute Felder und über eine Dorfstraße, leichter Weg entlang einer Gartenlevada. Man verliert nie den Blick auf das Meer.*

Wetterabhängigkeit: *Angenehmer Weg in den kühleren Monaten, da die Südwestküste auch im Winter fast immer sonnig ist. Bei Westwind regelmäßig Regen. Schattenlos, im Sommer deshalb sehr heiß.*

Von Prazeres über Paúl do Mar nach Fajã da Ovelha und zurück

Die Wanderung beginnt an der *Kirche in Prazeres*: Man läßt die Picknicktische, die direkt neben der Kirche aufgestellt sind, linker Hand liegen und folgt 2,5 km der ausgeschilderten Straße zum Hotelkomplex *»Refúgio do Atlántico«*. Man geht auf der Straße in Richtung Meer, an deren Ende auf alten

Kurzinfo

Ausgangspunkt: Der Abstieg zum Meer ist von der (alten) EN 101 von Prazeres aus zu erreichen, indem man den Schildern zur Hotelanlage »Refúgio do Atlántico« folgt.

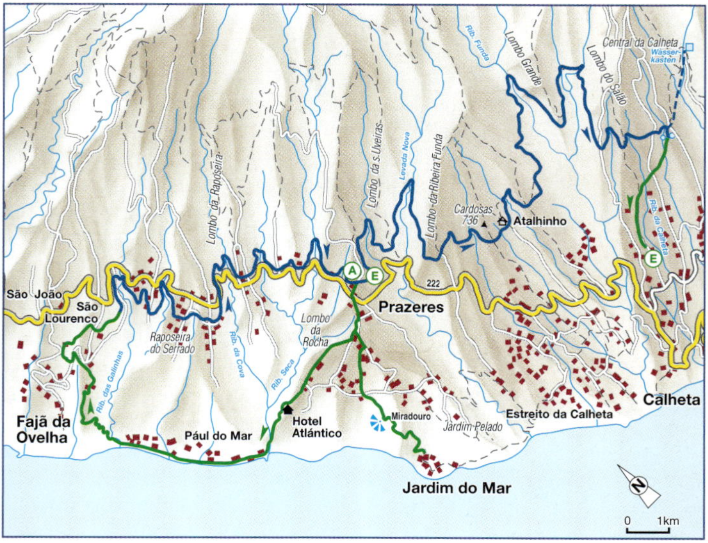

Endpunkte: Die Orte Paúl do Mar am Meer oder Fajã da Ovelha, die Levada Nova in Raposeira oder Prazeres, je nachdem, wo man diese lange Wanderung beenden möchte, wenn man nicht bis Prazeres zurückkehren kann. Von der Levada da Calheta ist an mehreren Stellen die Straße nach Prazeres ohne Probleme zu erreichen.

Gehzeiten: Von der Kirche mit den Picknicktischen im Ort Prazeres bis zum Hotelneubau »Refúgio do Atlántico« 30 Min.; Abstieg nach Paúl do Mar 1 Std. 10 Min.; entlang der Küste durch den Ort bis zum Aufstieg nach Fajã da Ovelha 50 Min.; Aufstieg zum Dorf Fajã da Ovelha 1 Std. 15 Min.; Weg durch das Dorf bis zur Levada da Calheta 60 Min.; entlang der Levada bis Prazeres 2 Std.

Karten noch ein Aussichtspunkt eingezeichnet ist, den es jetzt wegen des Hotelbaus nicht mehr gibt. Der alte Madeiraweg *»Caminho do Paúl«* ist direkt hinter dem Hotel aufzufinden.

Schon nach wenigen Schritten ist man diesen monumentalen Betonbauten, die so gar nicht in die Obstgärten, von Blumen gesäumten Terrassen und Wiesen von dem Ort »der Freuden« zu passen scheinen, entronnen.

Nach einigen, nicht sehr steilen Serpentinen erreicht der Weg eine grasbewachsene kleine *Felsnase* mit einem Pinienhain, der gut als Lagerplatz geeignet ist. Von hier aus erkennt man im Süden im schmalen V-Einschnitt der Berghänge deutlich die *Kaianlage* des *»Porto«* von *Paúl do Mar*. Die *Ribeira do Paúl,* die auch seltsamerweise *Ribeira Seca* genannt wird, und der Nebenfluß *Ribeira da Cova* (Höhlenfluß), stürzen auf den letzten 500 m aus einer Höhe von 400 m mit mehreren Wasserfällen durch diese Schlucht und münden bei dem *Porto von Paúl* mit einem Wasserfall in das Meer. Am linken Ufer führt der kunstvoll angelegte alte Pfad den Wanderer steil bergab. Auf der anderen Seite des Baches überragen markante Bergspitzen in spitzer Kegelform die Hänge, die terrassiert sind. Es sind die Bauern von dem Nachbarort *Raposeira,* die diese Felder in schwindelerregender Höhe einst bebauten und mit viel Mühe den offensichtlich guten Boden und die konstante Sonne ausnutzten. Sie müssen ein verzweigtes Netz von Levadas angelegt haben, um in dieser Höhe eine ständige Bewässerung zu haben. Jetzt verschwimmen die Konturen, denn Wind, Wasser und Regen verwaschen die nicht mehr benutzten Terrassen. Kühe weiden frei oder angepflockt auf den ehemaligen Feldern und überführen

Verfallende terrassierte Felder an den steilen Berghängen der Südküste bei Prazeres im Tal der Ribeira do Paúl.

alle diejenigen des Irrtums, die meinen, die Kühe wären deshalb in den *Palheiros*, weil sie von den steilen Hängen herunterfallen könnten.

Entlang des Weges wie auch auf den gegenüberliegenden Hängen breitet sich allmählich eine Macchia aus, dominiert von Kakteen und Brombeeren. Die verstreut wachsenden Hortensien und Geranien zeigen, daß der Rand dieses schönen Wegs einst von den Bauern bepflanzt worden war.

Bevor man die Wasserfälle zu Gesicht bekommt, hört man ihr Rauschen und dazu das gleichmäßige Heranrollen der Wogen des Meeres. Die rotbraunen Felsen des Gegenhangs zeigen mit ihren vielen Höhlen, wie porös das Gestein ist. Die Sage, daß einst große Felsen auf Paúl do Mar hinabgestürzt seien und Hunderte von Menschen unter sich begruben, gewinnt an Glaubwürdigkeit. Daß jedoch unser alter Madeiraweg noch nicht weggebrochen ist, verweist auf die solide Bauweise der alten Madeirenser, die die Serpentinen mit geschichteten Mauern aus Natursteinen abstützten, jeden Vorsprung ausnutzten und die Stufen mit Basaltsteinchen abrundeten.

Blick auf den Kai von Paúl do Mar vom Abstiegsweg von Prazeres aus.

Erst nachdem man fast 1 Std. abgestiegen ist, wird der Blick zurück in das ganze Tal freigegeben, so daß man die volle Höhe der Wasserfälle sieht, die über das rotbraun, gelb bis grün bewachsene Gestein stürzen. In einer Höhe von nur 50 m wird eine bereits lange von oben sichtbare *alte Steinbrücke* erreicht, bevor der Weg auf dem rechten Ufer des Flusses die letzten Höhenmeter zum Dorf hinunterführt. Der Waschplatz neben einem Wasserloch im Felsen wird offensichtlich nicht mehr benutzt; eine kleine Levada, die hier ihre Quelle hat, ist zugewachsen. Der Weg biegt noch oberhalb des Ortes scharf nach Westen, ist etwas in den Felsen gehauen und von einer Mauer begrenzt.

Der Abstieg endet im »Porto«, also im Hafen. Dieser besteht aus einem kleinen Kai, auf dem einige Fischerboote hochgezogen werden, um sie vor der Brandung zu schützen. Ein Wasserfall bildet hier die Mündung der *Ribeira do Paúl*. Das alte verfallene Haus direkt neben dem Wasserfall steht auf einer durch das Süßwasser immergrünen Wiese; in dem Teich, den der Wasserfall bildet, kann man baden. Es ist ein schöner Platz zum Campieren, falls man die Wanderung vielleicht erst am nächsten Tag fortsetzen will.

Die Armut der Bewohner ist unübersehbar. Die alte Fischfabrik wurde aufgegeben. Viele Bewohner wanderten aus, und mancher Thunfischfischer in Südafrika, Panama oder Kalifornien soll aus Paúl do Mar stammen. Nur die Bananen- und Weinanpflanzungen werden noch bewirtschaftet, und der hiesige Malvasier soll von vorzüglicher Qualität sein.

In östlicher Richtung sieht man den nächsten Küstenort, *Jardim do Mar* (Garten des Meeres). Nur bei Niedrigwasser, Windstille und ruhigem Meer kann man am sehr steinigen Ufer die 3 km bis nach Jardim schaffen. Von dort führt ein alter Fußweg in nur 30 Min. zu einem »Miradouro« nach Prazeres zurück. Im Ort ist der »Miradouro« ausgeschildert. Auf den Karten ist bereits die Verlängerung der Straße 223 entlang dieser Küste eingezeichnet.

Wenn man nur eine kurze Wanderung machen möchte, bietet es sich an, in *Paúl do Mar* aufzuhören. Ein Taxi bringt einen auf der hier endenden ER 223 zu der Hauptstraße 101 zurück, die in einer Höhe von 700 m die oberen Küstenorte miteinander verbindet, so daß *Prazeres* wieder leicht erreicht wird.

Wer jedoch weiter nach *Fajã da Ovelha* aufsteigen möchte, geht durch *Paúl do Mar* bis zum Ende des Ortes im Westen. Die Bananen- und Weinfelder ziehen sich vor dem Steilhang bis zu den wenigen Häusern hin. Sie werden durch das von den Hängen abtropfende Wasser bewässert, das einst den »Sumpf« dieses Fleckens bildete, wonach er seinen Namen »Paúl« erhielt.

Auf diesem Weg durch das sich am Meer entlang erstreckende Dorf läßt man, wenn

Aufstieg nach Durchquerung des Ortes Paúl do Mar auf einem alten Madeiraweg nach Fajã da Ovelha an der Südküste.

man vom östlichen Ortsende von Paúl do Mar gekommen ist, die bereits vom Wanderweg aus sichtbare überproportional große Kirche auf der rechten Seite liegen und läuft entlang der Mauer, die die Häuser vor dem Meer schützt, bis zum Ortsende im Nordwesten. Alte Häuser, die noch für jeden Raum zur Straße eine numerierte Tür aufweisen, stehen zwischen modernen Bungalows.

Nachdem sich der Weg ganz zum Meer geöffnet hat, erreicht man schließlich am Ende die Bar *Café Bela Vista,* wo einige Boote auf dem steinigen Strand liegen. Nach Überquerung der *Ribeira das Galinhas* auf einer Brücke wendet man sich nach rechts und steigt zwischen den zwei letzten Häusern auf einem alten gepflasterten Weg hoch. Linker Hand erkennt man vor sich den gesuchten Fußweg, der in kurzen Zickzacks nach *Fajã da Ovelha* hinaufführt. Noch kennt den Weg jeder im Ort, so daß man auch danach fragen kann.

Auch im schönsten Sonnenschein, bei blauem Himmel und scheinbarer Windstille rollt die Dünung ungebrochen in langen Wellen aus Südwesten heran. Das Wasser glänzt im Gegenlicht silbrig bis grün. Man sieht, während man schnell an Höhe gewinnt, auf die vielen verfallenen Häuser von Paúl do Mar; die besseren Häuser, wahrscheinlich von Emigranten gebaut, haben dagegen sogar Swimmingpools, denn der steinige Strand lädt nicht zum Baden ein.

Dieser alte Fußweg, einst die einzige Verbindung zwischen den beiden Ortschaften, wird jetzt nur noch von den Bauern benutzt, die hier ihr Gras für ihre Tiere in den Ställen schneiden. Der Weg führt durch hohes Gras und Kakteen, an denen im Winter die leckeren, feinstacheligen Feigen reifen. Agaven und Schilf sprießen üppig zwischen Bächen und kleinen Levadas. Jetzt zwar zugewachsen, läßt der Pfad dennoch seine ursprüngliche Breite erkennen, die es einst sogar möglich machte, daß Ochsenschlitten die Fracht zum oberen Ort haben hinaufziehen können.

In einer Höhe von 180 m wird eine *kleine Höhle* mit einer Bank erreicht. Ab 280 m ist der alte Weg zwar noch gut begehbar, aber leider schon sehr zerstört. Er führt schließlich durch einen Wald von Agaven und auf 320 m zum ersten Haus des Ortes, das ebenfalls verfallen ist. Ein vor sich hinrostendes *Förderrad* ragt dekorativ vor dem blauen Meer in den Himmel. Es steht auf einem Platz mit herrlicher Aussicht auf das Meer. Hier wurden die Lasten einst von Paúl do Mar nach Fajã de Ovelha hinauf- und auch hinuntergehievt.

An dieser Stelle muß man aufpassen: Der Weg führt zwar gut sichtbar über einen kleinen Bergrücken in das nächste Tal der *Ribeira de São João,* er wäre aber ein weiter Umweg, um zur *Levada Nova,* unserem nächsten Ziel, aufzusteigen. In Höhe des alten Förderrads verläßt man daher den alten Madeiraweg und wendet sich auf einem schmaleren Weg nach rechts, um den Anstieg über den Bergrücken in Richtung Nordosten fortzusetzen. Die neuen geteerten Straßen führen in weiten Serpentinen entlang der Hänge, so daß es einfacher ist, die alten Treppenwege zwischen Feldern und Häusern immer aufwärts zu benutzen. Dabei überquert man einmal die von *Paúl do Mar* heraufkommende Straße, geht weiter aufwärts und läßt die *Kirche* von Fajã da Ovelha weit links von sich liegen. Sollte man über den Verlauf des Aufstiegs unsicher sein, muß man nur nach der *Levada Nova* und nach *São Lourenço* fragen; eine weite Handbewegung der Gefragten wird wahrscheinlich immer weiter nach oben weisen.

Schließlich erreicht man eine *Bar mit Picknicktischen* am Rand der Straße 223. Man überquert diese und findet auf der gegenüberliegenden Seite den alten Dorfweg mit Stufen, der auf dem *Lombo de São Lourenço* durch den gleichnamigen Ortsteil hindurchführt. Da der alte Dorfweg noch benutzt wird, sind die Treppen auch instandgehalten worden. Die Mitte (!) der kleinen Fahrbahn hat sogar zementierte, abgerundete Stufen, was das Steigen sehr erleichtert. Das alte Waschhaus, an dem man vorbeikommt, wird nicht mehr benutzt. Schließlich säumen viele kleine Ställe rechts und links den Weg: In jedem steht eine Milchkuh oder ein Kalb. Das andere Vieh läuft frei auf der Hochebene von Paúl da Serra.

Karten

Zwei Blätter im Maßstab 1 : 50 000 (zuletzt überarbeitet 1993 / 94) oder »Carta Militar de Portugal«, neue Blätter 1 : 25 000 (Ausgaben zwischen 1984 und 1987), zu beziehen über Geo-Center, Postfach 80 08 30, 70508 Stuttgart, oder auf Madeira im Katasteramt neben der Kathedrale Sé in der Rua Dasé oder im Reisebüro »Globus Travel« in der Avenida Zarco 20. Kartenskizzen sind enthalten in »J. & P. Underwood, Landschaften auf Madeira«, das auf Madeira in drei Sprachen erhältlich ist

In 620 m Höhe erreicht man die große *Levada Nova,* wie die *Levada da Calheta* hier genannt wird. Nach links würde man, in Fließrichtung entlang der Levada laufend, in 1,5 Std. nach *Ponta da Pargo* kommen, wo man den Leuchtturm ersteigen kann.

Wir folgen ihr jedoch entgegen der Fließrichtung nach *Raposeira* und *Prazeres.* Nach nur einigen Minuten kommt man an einem *alten Wasserhaus* vorbei. Die Schleusenanlage ist intakt, aber da hier kein *Levandeiro* mehr wohnt, ist der kleine Garten verwildert. Nach 10 Min. sieht man direkt unter sich wieder die Teerstraße 223, deren weite Serpentinen man erfolgreich vermieden hat. Bei einigen *Picknicktischen,* kurz vor der Kreuzung der 223 mit der ER 101, wird die Levada unter der Straße hindurchgeführt und verläuft anschließend parallel unterhalb der Landstraße 101. Die Felder des jetzt folgenden Fleckens *Lombada dos Cedros* sind bebaut, der Boden ist schwer, lehmig und daher bei Feuchtigkeit leicht rutschig. Immer wieder kreuzen steile Feldwege die Levada, manchmal muß man den weiteren Verlauf der Levada erst zwischen den Häusern suchen.

Raposeira erreicht man nach 60 Min. Wanderung entlang dieser breiten Levada. Hier kann man, wenn man die Wanderung beenden möchte, sie nach links oben verlassen. Vor der *großen Kirche* ist die Bushaltestelle und auch ein Taxistand.

Bleibt man jedoch auf der Levada, dann erreicht man nach einer weiteren Stunde wieder unseren Ausgangspunkt *Prazeres.* Erst in Prazeres verläßt die Levada die Nähe zur Teerstraße endgültig und windet sich weit zurück durch die einsamen Täler, wo sie ständig weiteres Wasser der Wasserfälle aus der Hochebene aufnimmt.

Literaturhinweise (Auswahl)

Berger, Madeira (NaturWanderführer), München 1998
Dahle/Leyerer, Madeira, 2. Auflage, Bremen 1999

Wandern &Erleben

Jeder Band mit großer Faltkarte zum Herausnehmen

DM 29,90
öS 218,– / sfr. 29,90

- Allgäu
- Andalusien
- Bayerischer Wald
- Bodensee
- Elsaß / Vogesen
- Gardasee
- Kreta
- La Palma
- Lanzarote / Fuerteventura
- Mallorca
- Oberbayern
- Oberwallis
- Provence
- Salzkammergut
- Schwarzwald
- Südtirol
- Teneriffa
- Toskana

Naturwanderführer

- Gardasee
- Korsika
- Madeira
- Nordsee
- Norwegen
- Südtirol
- Teneriffa

Jeder Band mit Tourenkarten zum Herausnehmen

DM 29,90
öS 218,– / sfr. 29,90